Niemals geht man so ganz

VERLAGSGRUPPE PATMOS

PATMOS
ESCHBACH
GRÜNEWALD
THORBECKE
SCHWABEN

Die Verlagsgruppe
mit Sinn für das Leben

FÜR DIE SCHWABENVERLAG AG IST NACHHALTIG-
KEIT EIN WICHTIGER MASSSTAB IHRES HANDELNS.
WIR ACHTEN DAHER AUF DEN EINSATZ UMWELT-
SCHONENDER RESSOURCEN UND MATERIALIEN.
DIESES BUCH WURDE AUF FSC®-ZERTIFIZIERTEM
PAPIER GEDRUCKT. FSC (FOREST STEWARDSHIP
COUNCIL®) IST EINE NICHT STAATLICHE, GEMEIN-
NÜTZIGE ORGANISATION, DIE SICH FÜR EINE ÖKO-
LOGISCHE UND SOZIAL VERANTWORTLICHE NUT-
ZUNG DER WÄLDER UNSERER ERDE EINSETZT.

© 2012 PATMOS VERLAG DER SCHWABENVERLAG
AG, OSTFILDERN
WWW.PATMOS.DE

GESTALTUNG: FINKEN & BUMILLER, STUTTGART
ILLUSTRATIONEN: RITA EFINGER-KELLER
DRUCK: HIMMER AG, AUGSBURG
HERGESTELLT IN DEUTSCHLAND
ISBN 978-3-8436-0225-9

Mechthild Schroeter-Rupieper (Hg.)

Niemals
geht man so
ganz

Ein Buch voller Erinnerungen

Patmos Verlag

Vorwort

In einer meiner Kindertrauergruppen ging es um das Thema „Unsterblichkeit". Die Kinder, die zu mir in die Gruppen kommen, müssen mit der Situation leben, dass Mama, Papa oder ein Geschwister verstorben und somit nicht mehr „greifbar" bei ihnen ist. Eingeäschert oder im Sarg, weg. Die Mama ist weg? Ja, der Körper von ihr, der ist nicht mehr da. Aber dennoch kann es Dinge geben, die von Mama unsterblich sind. Die nicht verbrannt, nicht vergraben werden können. Die da sind, wenn ... ja, wenn ich an sie denke, wenn ich etwas sehe, rieche. Erinnere. Die Kinder erhalten ein Blatt Papier und beginnen zu malen. Manche fangen dabei schon an zu erzählen. Und auf einmal stehen Geschichten und Erinnerungen im Raum. Auf einmal wird die Mama, der Bruder, die Schwester, der Papa präsent. Bei denen, die erzählen, und auch bei denen, die zuhören. Und wenn die Jungen und Mädchen erzählen, lächeln sie. Lachen sie. Blicken stolz, weil sie etwas Besonderes zu erzählen haben. Und so entsteht die Idee einer Geschichtenerzählschatzkiste. Man schaut dort hinein und findet Gegenstände wie etwa ein Taschenmesser, Manschettenknopf, Feuerzeug, „Kölnisch Wasser", Frisierumhang, Rosenkranz, Gameboy, Schnuller, eine Beatles-Schallplatte, Kinokarte, Spritze oder Nähnadel – und damit verbunden Erinnerungen an einen vertrauten Menschen.

Die Geschichtenerzählschatzkiste wird inzwischen nicht mehr nur in dieser einen Kindertrauergruppe genutzt. Teilnehmende aller Kinder-, Jugend- und Elterntrauergruppen bei Lavia – Institut für Familientrauerbegleitung schauen in die Kiste, legen etwas hinein und erzählen ihre Geschichte. Und auch über die Gruppen hinaus hat die Erzählschatzkiste Kreise gezogen: Sophia aus Baden-Baden zum Beispiel, die ich in einer Eisdiele kennengelernt habe, sieht auf Facebook ein Bild aus einer Gruppenstunde. Sie schaut durch das Foto in die Schatzkiste hinein und entdeckt einen Teddy ... und schreibt mir direkt eine Geschichte.

Dieses Buch ist eigentlich nichts anderes als eine Geschichtenerzählschatzkiste. Kinder, Jugendliche und Erwachsene erzählen ihre Erinnerungsgeschichten, die spannend, berührend, fröhlich, historisch und immer wertschätzend sind. Und alle, egal ob arm oder reich, prominent oder „von nebenan", alle kennen Trauer, aber auch Geschichten, die Menschen unsterblich machen können.

Beim Lesen der Geschichten werden wie von selbst eigene Erinnerungen lebendig: Eine Frau erzählt mir von dem typischen Rumtopf ihrer Mutter ... und ich habe gleichzeitig meine Mutter mit ihrem typischen Christstollen vor Augen, ja, ich rieche ihn, während ich das hier schreibe. Jojo schreibt über die „Mensch-ärgere-dich-nicht-Nachmittage" und ich denke an die Kniffelabende mit meinen Schwiegereltern.

So, hoffe ich, geht es auch den Leserinnen und Lesern. Es wäre schön, wenn durch diese Geschichten die eigenen Schätze in der Erinnerung gehoben und bewahrt werden können. Wir haben am Ende des Buches extra zwei Seiten für Ihre ganz persönliche Geschichte freigehalten. Was müsste sich in der Schatzkiste befinden, damit Sie darin eine Erinnerung finden können?

„Klar schreibe ich", antwortet Marie, als ich sie fragte, ob sie eine Geschichte für dieses Buch schreiben wolle. „Es wird mir eine Ehre sein, von meiner Mutter zu erzählen." Und bei allen Geschichten, die hier geschrieben sind und auch darüber hinaus erzählt werden, denke ich: „Was für eine Wertschätzung! Wie schön, es gäbe später auch solche Geschichten von uns allen ... Ja, welch eine Ehre wäre das!"

Viele, die in diesem Buch schreiben, kenne ich aus den Trauergruppen bei Lavia. Der Förderverein Trauerbegleitung e.V. setzt sich für die Idee der Familientrauerbegleitung ein und ermöglicht Kindern, Jugendlichen und Erwachsenen die Teilnahme an den Trauergruppen. Er ist jedoch wie jeder gute Förderverein auf Spenden angewiesen. Deshalb freue ich mich sehr, dass mit dem Verkauf dieses Buches ermöglicht wird, dass der Förderverein weiterhin die Trauergruppengestaltung unterstützen kann.

Gelsenkirchen, im Juli 2012
Mechthild Schroeter-Rupieper

Im Jahresrückblick „Menschen `87" von Günther Jauch bescherte uns Trudes Abschiedslied noch einen Fernsehauftritt.

Das Ganze begann damit, dass Trude Herr und ich grade mit einer Probe für eine „Beast of Burden"-Umsetzung fertig waren und ein weiteres Glas Wein tranken, als Tommy Engel zu uns ins Studio kam. Er sollte mit Trude einen hochdeutschen Song, ein Abschiedslied mit dem Versprechen, bei Gelegenheit wiederzukommen, namens „Niemals geht man so ganz" einsingen. Trude wollte auf die Fidschi-Inseln auswandern und sich dort dem Schreiben und der Champignonzucht widmen. Es gefiel mir so gut mit ihr im Studio, dass ich mich bei der Frage: „Willste do nit och metsinge, Jung!" freute, dass die Party noch nicht vorbei war. Selten hatte ich so viel Spaß dabei gehabt, ein eigentlich trauriges Lied zu singen.

Als Tommy und ich etwas später das Ergebnis unserer feuchtfröhlichen Aufnahmesession hörten, wollte ich das nicht glauben. Hatte ich es verdrängt oder bekam ich jetzt zum ersten Mal mit, wie rührselig, ähnlich Poesiealbumsprüchen, der Text geschrieben war? Meinen Part wollte ich herausgelöscht haben, doch Trude, grade an den Beinen operiert, rief mich aus dem Krankenhaus an. Sie weinte: „Jung, dat kannste mir nit ahndunn! Ess doch alles fäädisch. Do hammer kein Zick mieh für, noch ens neu singe!" Frauen und Tränen – das ist keine gute Kombination für mich. Ich bot Trude an, mit Tommy unsere Passagen neu einzusingen, um dann ohne Hochdeutsch dem Song etwas mehr Glaubwürdigkeit einzuhauchen. Als wir ihr die Neuaufnahme im Krankenhaus vorspielten, weinte Trude schon wieder, doch dieses Mal vor Freude.

„Niemals geht man so ganz" erlebte seine Premiere mit einem Playback-Auftritt am Ende von Jürgen von der Lippes Fernsehsendung „So isses". Trude, die nur noch an Krücken gehen konnte, musste auf dem Weg ins Studio gestützt werden. Doch einmal im Rampenlicht, vergaß sie alle Schmerzen und gab alles. Das Publikum feierte sie. Wir spielten noch einmal und Trude rockte endgültig die Bühne. Sie hatte

ihre Schuhe weggekickt und tanzte den Schmerzen davon.
Es war, als stammte das Drehbuch für diesen Abend direkt
aus der Bibel.
Wolfgang Niedecken

Wolfgang Niedecken, 1951 in Köln geboren, studierte von 1970 bis 1976 Freie Malerei an der FHBK Köln. Danach gründete er die Kölsch-Rock-Band BAP. Für sein Engagement gegen Fremdenfeindlichkeit und Rassismus erhielt er vom Bundespräsidenten Roman Herzog das Bundesverdienstkreuz.
Trude Herr, geboren 1927 in Köln, war Schlagersängerin und Schauspielerin. Sie spielte in über 30 Filmen mit und war Direktorin vom Theater im Vringsveedel. Das Lied „Niemals geht man so ganz", das sie mit Wolfgang Niedecken und Tommy Engel von den Bläck Fööss interpretierte, erreichte Platz 20 in den deutschen Charts. 1988 erhielt sie das Bundesverdienstkreuz. Am 16. März 1991 starb sie in Lauris bei Aix-en-Provence in Frankreich.

Mein Papa arbeitete bei der WAZ im Druckhaus, aber zu Hause war sein Beruf Papa und Spezial-Privat-Koch. Es war ein ganz besonderer Abend, wir hatten Freunde eingeladen und alle hatten sich dafür fein gemacht. Auch Papa hatte ein schickes weißes Hemd an und kochte, wie immer:-)). Es gab Sauerbraten mit Rotkohl und Klößen. Ich wollte mal wieder die Soße probieren, nur war sie leider sehr heiß! Ich meinte es ein bisschen zu gut mit dem Pusten ... und habe so feste gepustet, dass fast alles vom Löffel auf Papas strahlendweißes Hemd hinüber spritzte und einen großen braunen Soßenfleck machte!!!!! Na ja, mein Vater fand das nicht so witzig, da die Soße ja auch auf dem Hemd noch heiß war, aber ich musste trotzdem so lachen! Als er sich umgezogen hatte, konnte er sich auch wieder darüber amüsieren. Nachtragend war mein Papa nämlich nie.
Anna Alina Alex

Anna Alina Alex, geboren 2000, spielt gerne mit ihrer Schildkröte Marta, trifft sich mit ihren Freunden und liebt es zu shoppen. Sie ist Schülerin am Mädchengymnasium in Essen-Brodbeck.
Ihr Vater, geboren 1960, starb am 22: September 2011 an Krebs. Er hat immer gerne im Garten gearbeitet, für seine Familie gekocht und Schildkröte Marta verwöhnt.

Mein Großvater, groß und schlank, trug je nach Wetterlage seinen grünen Lodenkilt. Gab es im Sommer Regen oder war es im Winter kalt, so nahm er meine um zwei Jahre jüngere Schwester und mich immer bergend unter sein Cape auf unserem Weg zur Schule. Es war ein großartiges, wohltuendes und beschützendes Gefühl, das mir bis heute, ins hohe Alter, nicht verloren gegangen ist. Als er starb, war die Trauer groß. Nicht zuletzt deshalb, weil ich nicht wusste, wer uns jetzt unter das Cape, in Schutz, nehmen würde. Meine Mutter tröstete mich damit, dass der Großvater bereits vor seinem Tod alles geklärt und verfügt hatte, dass mein ältester Bruder dieses Amt übernehmen würde. Da war ich getröstet.

Margareta Alfer

Margareta Alfer, geboren 1930,
war von Beruf Säuglings- und
Kinderkrankenschwester und lebt
in Baden-Baden. Sie ist gerne in
der Natur und beschäftigt sich mit
Kunst und Musik.
Ihr Großvater, der Viehversiche-
rungsleiter war und Chormusik
liebte, lebte von 1863 bis 1937.

Wenn ich an meinen Vater denke, denke ich
daran, dass ich mit ihm jeden Sonntag klettern war. Einmal
haben wir ein Geierskelett gefunden. Wir haben das Skelett
in eine Plastiktüte gepackt und mit den Kletterseilen zurück
ins Auto getragen. Zu Hause haben wir es auf den Garten-
tisch gepackt. Weil meine Mama das eklig fand, hat sie den
Geier nach zwei Wochen weggeworfen. Zum Glück hat
meinen Vater aber ein Skelett nicht gestört, deshalb haben
wir immer neue gesucht. Die haben wir dann aber bei den
Felsen versteckt.
Wenn ich später mal ein Vater bin, gehe ich mit meinen
Kindern tauchen.
Falk Arnswald

Falk Arnswald, geboren 2001, ist
Schüler und lebt in Herten.
Sein Vater Martin war promovierter
Chemiker und begeisterter Kletterer.
Er starb am 8. Januar 2007.

Ich denke sehr oft an ein Kindheitserlebnis zurück, als ich meinen Vater Anfang der 70er-Jahre zu einer Hochseeangeltour auf der Ostsee bei Heiligenhafen begleiten durfte.

Mein Vater angelte normalerweise nur mit meinem jüngeren Bruder. Und jedes Mal, wenn die beiden von einer Angeltour kamen und ihre vielen Fische ganz stolz auf dem Campingtisch ausbreiteten, hatte ich den Wunsch, auch einmal mitzufahren. Sie sponnen Seemannsgarn und diese spannenden Geschichten gefielen mir sehr.

Wie auch heute noch konnte ich Bus- und Schiffsfahrten nicht gut vertragen. Es wurde mir immer speiübel. Dennoch lag ich meinem Vater immer wieder in den Ohren und bettelte, ob er mich nicht wenigstens einmal auf eine dieser Angeltouren mitnehmen könne.

Eines Morgens überraschte er mich mit der Nachricht, ich dürfe mitfahren.

Punkt sechs Uhr verließen wir den Hafen. Kaum zehn Minuten unterwegs, wurde es mir sehr übel und keine Viertelstunde später musste ich mich das erste Mal übergeben.

Acht Stunden würden wir auf der Ostsee fahren und allein diese Vorstellung machte mich schon am Anfang krank. Das dicke Ende kam noch.

Sieben Stunden fast ohne Unterbrechung in Abständen von zehn bis zwanzig Minuten brachte mein Magen alles zutage, was ich gefrühstückt hatte.

Ich erwartete alles. Nur nicht, dass mein Vater die ganze Zeit bei mir blieb und stundenlang immer wieder beruhigend auf mich einredete und hilfreiche Tipps gab. Bis heute ist es als Vatertag in meiner Erinnerung geblieben.

Birgit Aulich

Birgit Aulich, geboren 1958, ist Sterbe- und Trauerbegleiterin in Duisburg.
Ihr Vater **Herbert Eltz** war Bergmann, Hobbyangler und Autofreak. Er starb am 28. Juli 2005 im Alter von 87 Jahren.

Wir haben eigentlich kein materielles Erbe von Arne. Mira und Charly haben beide Interesse an Arnes Hut, Lizzy ist dafür noch zu klein, und ansonsten hatte Arne wenig ... seine Gitarre? Wer weiß, wer später mal damit spielen mag.

Ihm lag nicht viel an Dingen. Jahrelang hat er davon geträumt, alles loszuwerden und in einen Wohnwagen zu ziehen.

Was Arne ausmachte, war seine Art, die Welt zu sehen. Wir haben im offenen Bus ewig lange Blitze angesehen und stundenlang die Flammen im Lagerfeuer betrachtet. Nach einem langen Arbeitstag fuhren wir spontan nach Holland an den Strand – nur für eine Nacht.

Seit ich ihn kenne, gehe ich anders durchs Leben. Ich sehe die Schönheit der Wolken. Vogelschwärme oder die Sterne. Arne fiel auf, wenn er einen Raum betrat, er erfüllte ihn. Er konnte begeistern, motivieren und mitreißen.

Als Mira jammernd auf dem Eis lag, weil sie mit den Schlittschuhen immer wieder hinfiel, erzählte er ihr eine Geschichte von einer Eisprinzessin, die sich durchbiss. Mira entwickelte Ehrgeiz und kann heute recht gut fahren.

Von dem, was Arne uns allen durch seine Art mitgab, haben wir alle persönlich viel mehr als von einem Stück materiellen Eigentums.

Ich kann noch immer seine Umarmung spüren und den Rauch vom Lagerfeuer in seinen Haaren riechen.

Sabine Baumann

Sabine Baumann, geboren 1964, hat ihren Mann Arne im August 2000 kennengelernt und am 8. Mai 2008 geheiratet. Sie näht gerne und ist gerne mit lieben Freunden zusammen. Ihre „Bande" besteht aus Mira (geboren 2003), Charly (geboren 2006) und Lizzy (geboren 2008). Gemeinsam leben sie in Essen.

Arne, der gerne Gitarre spielte und Ski fuhr, verunglückte am 18. Juli 2008 bei einem Gleitschirmunfall in Dänemark.

Tim Bergner, geboren 2005, möchte Paläontologe werden, weil er Dinosaurier total spannend findet. Aber er schwimmt auch gern und spielt mit seinen Freunden Lego.

Ich denke oft daran, wie sie gesprochen hat, zum Beispiel, wenn ich sie geärgert und was kaputt gemacht habe: „Oh Tim, jetzt muss ich alles nomal (statt nochmal) machen" oder „Oh Tim, jetzt ist es runterfefefallen!" Anika hat sehr gerne geschaukelt. Dann hat sie immer gesagt: „Hoch bis in den Himmel!" Und sie mochte gerne Prinzessinnen. Abends haben wir zusammen im Bett gekuschelt. Dabei haben wir uns immer gezankt, wer näher bei Mama liegen darf. Oft habe ich zu Mama und Papa gesagt: „Es ist schön, eine kleine Schwester zu haben."
Tim Bergner

Ich denke besonders gern an ein Wochenende auf Borkum im September 2010 zurück, das ich schon damals als außergewöhnlich intensiv und schön empfand. An diesem Wochenende, den einzigen durchweg sonnigen Tagen, kam uns Markus während unserer Mutter-Kind-Kur besuchen. Wir verbrachten die meiste Zeit am Strand und genossen es, als Familie zusammenzusein. Ein Höhepunkt war unsere Wanderung zu den Seehundbänken. Im Gegensatz zu Tim zog Anika sofort ihre Sandalen aus und platschte mit ihren Füßen von einem Priel zum anderen. Die Kinder tobten und rannten ausgelassen durchs Watt, fanden Krebse, Muscheln und alles Mögliche. Als ein Seehund vor unserer Nase auftauchte, quietschte Anika ausgelassen vor Freude. Auf dem Rückweg machten wir lange bei den Schaukeln am Strand Halt, die Anika so sehr liebte. Es konnte wie immer gar nicht hoch genug für sie sein. „Noch mehr Anschwung, Papa. Hoch in die Luft, bis in den Himmel", rief sie immer wieder und jauchzte vor Vergnügen. Niemals hätte ich es für möglich gehalten, dass sie schon vier Monate später genau dort, im Himmel, sein sollte.
Tanja Bergner

Tanja Bergner, geboren 1971, ist Lehrerin. Neben ihrem größten Hobby – ihren Kindern – liest sie gerne und macht Yoga. Sie lebt in Herne.
Anika starb am 9. Januar 2011, nur fünf Wochen, nachdem bei ihr Leukämie diagnostiziert wurde, an multiplem Organversagen als Nebenwirkung der Chemotherapie. Am 16. März 2011 wäre sie drei Jahre alt geworden.

Fast täglich gehe ich an ihrem Haus vorbei.

Manchmal sehe ich sie immer noch über die Stufen springen, als ob es gestern gewesen wäre. Christine ist aber schon mehr als zehn Jahre tot und ihre Kinder sind inzwischen erwachsen geworden.

Sie war für meine Familie da, als ich schwer erkrankte. Als bei ihr Krebs diagnostiziert wurde, hoffte ich, sie könnte gesund werden. Aber am Morgen des 24. Dezember wurde sie mit rasenden Bauchschmerzen ins Krankenhaus gebracht, Diagnose: inoperabler Darmverschluss.

Im Januar kam sie nach Hause. Ihre Familie hatte die Kerzen am Christbaum für sie entzündet. Mir schenkte sie an diesem Nachmittag einen Engel. „So ein Engel bist du für mich", waren ihre Worte.

Anschließend gab es Tage der Hoffnung, des Lachens, der Verzweiflung und Angst. Ich konnte ihr nahe sein, wie ich es nie zuvor war. Ich durfte diese Tage mit ihr und ihrer Familie erleben. Und es schmeckte manchmal intensiv nach Leben! Nicht nur, weil sie sich Gänse- und Schweinsbraten zum Kosten wünschte. Sie, die Ernährungsberaterin, die sich immer „g'sund" ernährt hatte.

Als sie gestorben war, schenkte sie uns ihren Lieblingstext von Clemens Brentano übers Glück und ich las ihn auf ihrem Begräbnis – danke Christine, denn Glück ist gar nicht mal so selten ...

Karin Böck

Karin Böck, geboren 1957, ist Hospizfachfrau, Trauerbegleiterin, Märchenerzählerin und lebt in Wien. Eine Freundin in der Krankheit und beim Sterben zu begleiten ist immer schwer, dadurch in eine Doppelrolle zu kommen, erschwert es nochmals.

Christine Hagelkrüys war Lebensmittelchemikerin, Ernährungsberaterin, Ehefrau, Mutter und Freundin. Eine selbstbewusste, mutige Frau, naturverbunden und sozial denkend. Sie starb am 25. Januar 2001 im Alter von knapp 43 Jahren.

„Oma lass das doch, ist das peinlich ...", dachten wir. Aber keiner traute sich, es ihr zu sagen. Weshalb sie unnötig verletzen, die uns doch so gerne verwöhnte mit Zärtlichkeit, Märchen, Geschichten und liebevoll zubereiteten Mahlzeiten. Sie konnte es nicht lassen, uns Enkel jeden Freitag, bevor wir ihre winzige Vierzimmerwohnung verließen, zu segnen. Mir war es peinlich, meinen Geschwistern meistens auch.

Nachdem Oma Fine uns zum Abschied feste an ihren großen Busen und 50 belgische Cents für Süßes in Fräulein Reckers Laden in die Hand gedrückt hatte, standen wir, mein Bruder, meine Schwester und ich, in Reih und Glied im engen Flur vor dem Weihwasserkesselchen. Flüchten war unmöglich und so bekamen wir das lauwarme Wasser über Kopf und Brust geträufelt. „Man weiß ja nie", sagten wir, als wir älter wurden. „Besser, den Heiligen Geist auf seiner Seite zu haben."

Heute weiß ich, Oma Fine, das Weihwasser und du, ihr habt mir gut getan. Du warst mein Segen, Oma Fine.

Claudia Braun

Claudia Braun, geboren 1964, lebt mit ihrem Mann und drei Jungs in Malmedy in der Wallonie, dem französischsprachigen Teil Belgiens. Sie arbeitet im Palliativpflegeverband der Deutschsprachigen Gemeinschaft. Ihre Großmutter mütterlicherseits, **Josephine Zimmermann-Rentgens**, war von einem starken Matriarchat geprägt. Sie erzog ihre vier Kinder und die Enkelkinder, die kurz darauf folgten, mit viel Zuneigung und Humor. Gestorben ist sie am 4. März 1993 im Alter von 74 Jahren an einem Herzinfarkt, zwei Wochen, nachdem Claudia mit ihrem Ehemann und Baby nach zweieinhalb Jahren aus Brasilien zurückgekommen ist.

Mir kommt ein Lied von Peter Alexander in den Sinn: „Der Papa wird's schon richten. Der Papa macht's schon gut ..." Ja, so war mein Papa. Wenn es etwas zum Basteln gab, was wir im Haushalt brauchten oder etwas kaputt gegangen war, war er dafür immer die richtige Ansprechperson. Die Lösung der Aufgaben hieß immer: so einfach, aber auch so genau wie möglich! Kreise malte er mit Topfdeckeln auf, Klebestellen wurden mit Türmen von Ziegelsteinen zusammengepresst. Die Wasserwaage eher fünf als vier Mal angelegt und nochmal überprüft, damit das Ergebnis hundertprozentig wurde.

Beim Erinnern fällt mir auf, dass ich solche Seiten auch in mir erkenne – von wem ich die wohl habe ...?

Ach, lieber Papa, tiefinnerlichherzlichst sage ich dir noch einmal „danke" und verleihe dir das „Vollblutbastler-Diplom"!
Martin Bukovsek

Martin Bukovsek, mit Künstlernamen CARISMO, geboren 1970, ist einer von eineiigen Drillingen. Er ist ausgebildeter Jugend- und Heimerzieher. Als freiberuflicher und selbstständiger Artist, Zauberer und Zirkuspädagoge tritt er in Unternehmen und sozialen Projekten auf und hält Weltrekorde: lebende Statue und größte Menschenpyramide. 2007 wurde er in der Sparte Artistik Künstler des Jahres. Er lebt in Stuttgart.

Sein Vater **Stanko Bukovsek** wurde am 13. November 1936 geboren und starb am 16. November 2003.

Meine Mama ist ein Mensch, der immer an andere dachte, dann erst an sich selbst. Sie war lustig, ehrlich und verstand immer Spaß, das machte sie zu einem einzigartigen Menschen. Sie war tierlieb und hat sogar manchmal den Tieren das Essen vorgekostet. Wenn es ihr geschmeckt hat, dann gab sie es auch den Tieren.

Was sie nicht mochte: Tierquäler, Lügner, schlechtes Wetter, Betrüger, AC/DC, faul sein, Streiterei, Meckerei, unaufge-räumte Zimmer, ewig im Krankenhaus sein, ständige OP's und bügeln.

Was sie liebte: die Familie, Tiere, gutes Wetter, spazieren gehen und die Natur.

Mama, wo du jetzt bist, da wird es dir besser gehen als auf der Erde zum Schluss mit den OP's und ständigen Qualen. Wir vermissen dich, aber haben dich in unseren Erinne-rungen und in unseren Herzen!

Kim Lea Csillag

Kim Lea Csillag, geboren 1999, lebt in Bochum und geht dort zur Schule. Sie reitet, singt und tanzt gerne, mag ihre Freunde, shoppen und Facebook. Sie lacht ganz viel – wie ihre Mutter **Irmchen Csillag**, die am 4. Juni 2010 an den Folgen von Hautkrebs starb.

Jedes Jahr bin ich mit meinem Vater, meiner Mutter, meiner Oma und meinem Opa nach Bayern gefahren. Einmal waren wir in einem Ferienpark. Dort gab es Rutschen, Essen und Trinken, Wildwasserbahnen und eine Quad-Bahn. Mein Vater und ich sind jeweils alleine einen Quad gefahren. Er hatte eine große Klappe und hat gesagt, wir sollen alle immer schön an den Rand fahren, damit er uns überholen könne. Weil er am schnellsten sein werde. Aber in der ersten Runde ist er dann in die Reifen gefahren, die als Fahrbahnrand dienten. Alle haben gelacht, weil er dort gelandet ist und nicht weiterkam. Schließlich hat er in der ersten Runde aufgegeben und sein Geld zurückbekommen.
David Drinkmann

David Drinkmann, geboren 2000,
ist Schüler an der evangelischen
Gesamtschule in Gelsenkirchen.
Er ist Pfadfinder, außerdem
schwimmt er, und spielt gerne
Fußball und Minigolf.
Sein Vater war von Beruf Physio-
therapeut. Er starb am 21. Januar
2010 im Alter von 46 Jahren.

Mein Sohn Julian erkrankte mit 15 Jahren an Schizophrenie.

Er hatte im Laufe der Jahre mehrere Psychosen, in denen er zum Teil weder uns Eltern noch seine Schwester erkannte. Danach war er immer wieder fast normal, konnte zur Schule gehen und arbeiten. Während seiner Aufenthalte in der Psychiatrie liebte er es, Speckstein zu bearbeiten. Er fertigte Schachspiele, kleine Schmuckstücke und Fantasieobjekte. Eines Tage schenkte er mir ein solches Objekt in Form einer großen Träne mit einer Vertiefung in der Mitte. Ich nannte es mein Tränenkrüglein und stellte es auf meinen Nachttisch. Irgendwie spürte ich sofort, dass es einmal eine große Bedeutung für mich haben würde.

In der Antike wurden Tränen tatsächlich in Tränenkrüglein aufgefangen. Im September 2010 setzte er seinem inneren Leiden ein Ende und schied mit 23 Jahren freiwillig aus dem Leben. Seither nehme ich das Tränenkrüglein oft in meine Hände, um den kühlen Stein zu streicheln und dabei an ihn zu denken. Wenn ich es umdrehe, liegt ein Herz in meiner Hand.

Lis Droste

Lis Droste, geboren 1951, arbeitet als Etikettetrainerin in Frankfurt. Sie liebt ihren Beruf, bei dem sie oft mit jungen Menschen zu tun hat. Das und ihre Tochter helfen ihr, den Tod ihres Sohnes zu verarbeiten. Am 1. September 2010 wählte der 23-jährige **Julian** trotz Medikamenten und Therapien, Erfolg in Schule und Beruf und großer Beliebtheit in seinem sozialen Umfeld den Freitod. Er war klug, schauspielerisch und künstlerisch begabt und konnte hervorragend mit alten Menschen umgehen. In seinem Abschiedsbrief schrieb er: „Seid nicht so lange traurig. Schaut lieber zum Mond. Von dort werde ich auf euch herabschauen, euch anstrahlen und über euch wachen."

Ein Name und Zahlen auf einem Stein
Ein Kreuz, eine Kerze und Blumen dabei
Bescheiden und still, versöhnlich und schlicht
Kein Ort, an dem man Belangloses spricht

Letzte Ruhe, du hast dran geglaubt
Die Seele zu Gott, der Körper zu Staub
Ich wünsch, dass du Recht hast, das wäre tröstlich
Dann weißt du ja jetzt, ich vergesse dich nicht

Wir haben gestritten, uns angebrüllt
Uns wehgetan, Fehler gemacht
Doch verzeihen, versöhnen, den andern verstehen
Hast du mir beigebracht

Und jetzt steh ich hier und bin nah bei dir
Ja, ich seh dich noch tanzen im 3/4-Takt
Mit Mama im Arm, wie ihr beide laut lacht
Das Gute verinnern, das blieb
Du warst mein Papa, ich hatte dich lieb

Die wenigen Prügel, die hab ich verzieh'n
Und auch manche Rede ohne jeden Sinn
Mit Lob hast du ehrlich gesagt oft gegeizt
Dafür hab ich dich bis aufs Blut gereizt

Als ich als Kleiner das Fußballtor
Dann als Großer die Töne gut traf
Spätestens da fühltest du dich belohnt
Zum Glück – und nicht bestraft

Bist am Ende der Krankheit erlegen
In friedlich, erlösendem, schmerzlosem Schlaf
Man kann doch nicht alles haben im Leben
Hast du oft gesagt und ich hab nur gelacht
Doch glaub mir, ich hab nachgedacht

Und jetzt steh ich hier und bin nah bei dir
Ja, ich seh dich noch tanzen im 3/4-Takt
Mit Mama im Arm, wie ihr beide laut lacht
Das Gute verinnern, das blieb

Weißt du das, Papa, ich hatte dich lieb
Glaube mir, Papa, ich behalte dich lieb
Hartmut Engler

Hartmut Engler, geboren 1961, ist
Sänger und Texter der Gruppe PUR.
Sein Vater **Johann Engler** lebte
von 1923 bis 2001.

Leandra Fahr, geboren 1996, spielt gerne Klavier und Handball. Sie lebt in Mülheim.

Es war abends, Schlafenszeit. Mein Vater brachte mich ins Bett. Mein Zimmer war dunkel, nur wenig Licht drang durch die Ritzen des Rollladens herein.

Ich lag im Bett, er beugte sich über mich und ich sah den Ehering seines Vaters, den er immer und überall an einer Kette um seinen Hals trug, in dem wenigen Licht funkeln. Dann sagte er: „Gute Nacht, ich hab dich ganz doll lieb." Und drückte mich. Ich flüsterte: „Ich hab dich auch lieb." Dann verließ er das Zimmer.

Die Kette mit dem Ring habe ich nach seinem Unfall bekommen.

Leandra Fahr

Ihr Vater **Norbert** war Polizist. Er
starb mit 45 Jahren am 17. September 2006 bei einem Motorradunfall.

Sophia Gassenschmidt, geboren 1995, ist Schülerin und lebt in Baden-Baden. Ballett und Kunst sind ihr Leben. Zudem liebt sie ihre Familie über alles und will nie ohne ihre verrückten und durch-geknallten Geschwister und deren Partner sein. Ihr Lieblingszitat lautet: „Fürchte nicht den Tod, sondern dass du nie beginnen wirst zu leben."

Mein Papa war oft auf Geschäftsreisen. Er konnte meine Mama nicht mitnehmen, weil sie sich ja um uns zu Hause gekümmert hat. Er hat uns meistens etwas mitgebracht, wenn er durch Zufall etwas Schönes entdeckt hat. Ich habe jedes einzelne Mitbringsel geliebt, bzw. liebe es immer noch.

Einmal hat er mir einen handgemachten kleinen weißen Teddybären mitgebracht, der ihm bei einem Straßenhändler sofort ins Auge stach. Er trägt ein rotes und ein beigefarbenes Herz. Am roten ist eine kleine Glocke befestigt, auf dem anderen steht Sophie drauf. Und ich heiße Sophia. Aber der Straßenhändler kannte den Namen Sophia nicht.

Der Teddybär steht jetzt seit Jahren auf meinem Nachtisch und wird dort auch in Zukunft sitzen. Er ist einfach einer meiner größten Schätze und ich liebe es, wie er auf mich schaut und mich bewacht :-)

Sophia Gassenschmidt

Sophias Eltern starben am 2. November 2010 bei einem Flugzeugabsturz. **Hubert Gassenschmidt** war Orthopäde. Er spielte Trompete und Golf und liebte das Fliegen. **Ruth Gassenschmidt** spielte Geige und Klavier und sang in sieben Chören. Bis zur Geburt der Kinder arbeitete sie als Krankenschwester.

Mein Vater hatte immer viel Energie. Er hat zu mir gesagt: „Max, du kannst fast alles schaffen, was du willst!" Das gibt mir heute oft Mut, wenn's mal ein schlechter Tag ist.
Max Grassmann

Max Grassmann, geboren 1996, ist Mitglied der Jugendfeuerwehr und schwimmt gerne.
Anna Grassmann, geboren 1999, hat Spaß am Reiten, Tanzen und Singen und überhaupt daran, Spaß zu haben. Die beiden leben in Gelsenkirchen. Ihr Vater **Jürgen** mochte es zu joggen und liebte Fußball. Er starb am 11. Februar 2007 im Alter von knapp 40 Jahren an einem Herzinfarkt.

Als ich fünf Jahre alt und meine Mutter mit ihren Freundinnen verreist war, musste mein Vater sich um uns kümmern. Natürlich sollte er auch für uns kochen. In dieser Zeit haben wir gemerkt, dass mein Vater nicht der beste Koch auf der Welt ist!!! Denn er sollte eigentlich nur einen Strammen Max für uns machen ... als das aber nicht so gut funktionierte, ist er etwas ausgerastet und hat gegen den Küchenschrank getreten. Das fanden mein Bruder und ich sehr lustig. Aber am Ende haben wir dann doch noch einen leckeren Strammen Max bekommen.

Anna Grassmann

Luisa war von Anfang an ein ganz besonderes kleines Mädchen. Als sie mit fünf Monaten starb, hatte ich sie bis dahin nur gestillt. Eine Flasche oder einen Schnuller ließ sie nicht an sich ran. Das war das Einzige, worauf sie kompromisslos bestand. Deshalb kann ich heute sagen: Ich habe fast jede Minute ihres kurzen Lebens mit ihr geteilt. Dafür bin ich ihr heute sehr dankbar. Luisa war nie anstrengend oder fordernd, wie man dies doch so häufig bei kleinen Kindern hat. Normalerweise kommen Babys auf die Welt und schaffen sich Platz. „Tata! Da bin ich!" Luisa war wirklich ganz anders. Sie strahlte eine innere Ruhe aus. Als Säugling ließ sie mit erhabener Gelassenheit die im wahrsten Sinne des Wortes fast erdrückende Liebe ihrer fünf und sechs Jahre alten Geschwister Niklas und Sina über sich ergehen. Wie ein Hauch ist sie durch unser Leben gegangen und hat uns doch für immer verändert. Trotz ihres frühen Todes hat sie Liebe und tiefe Augenblicke bei uns hinterlassen. Unsere Welt ist heute eine andere als vor Luisa. Und hätten wir gewusst, sie würde früh sterben, hätten Andreas, Sina, Niklas und ich Luisa trotzdem nicht missen wollen. Inzwischen ist unsere Familie noch einmal gewachsen und Karlotta bereichert uns. Vater und Mutter mit drei Kindern an der Hand und einem tief und fest im Herzen.

Alexandra Grimmenstein

Alexandra Grimmenstein, geboren 1976,
ist Krankenschwester und mittlerweile aus
Überzeugung Mutter. Sie liest gerne und
geht, wenn es möglich ist, ins Kino. Sie
lebt mit ihrer Familie in Bochum.
Luisa kam am 27. Juli 2010 zur Welt und
starb am 29.Dezember 2010.

In Kriegszeiten trafen sich in unserem Haus in Köln konspirativ sechs bis acht Mitglieder des katholischen Widerstandskreises.

Wir Kinder mussten in dieser Zeit draußen spielen. Einmal, ich war zu der Zeit acht Jahre alt, sah ich in der Abenddämmerung einzelne Männer dahergehen. In einem erkannte ich meinen Taufpaten Bernhard Letterhaus, den Verbandssekretär der Katholischen Arbeitnehmer-Bewegung, obwohl er den Kragen seines Mantels hochgeschlagen und den Hut tief ins Gesicht gezogen hatte. „Onkel Bernhard!", rief ich, doch er eilte wortlos an mir vorbei.

Als ich meiner Mutter davon erzählte, wurde sie leichenblass und wiederholte mehrmals, dass das nicht sein könne. Als ich aus dem Bewusstsein, im Recht zu sein, weiter darauf bestand, Onkel Bernhard gesehen zu haben, schickte sie mich ohne Abendessen ins Bett. Ich weinte hemmungslos und verstand die Welt nicht mehr.

Gegen zwei Uhr in der Nacht weckte mich mein Vater. Er sprach mich auf den Streit an und sofort erzählte ich ihm von der Begegnung. Vater nickte, bestätigte meine Wahrnehmung und erklärte mir dann das Handeln meiner Mutter Elisabeth. „Mutter wollte nicht, dass du davon erzählst, sie wollte unsere Familie beschützen. Wenn jemand davon erfährt, dass sich hier Freunde treffen, werden wir alle von der Polizei abgeholt", meinte er eindringlich zu mir. Und sagte: „Du und ich, wir teilen das jetzt als unser Geheimnis wie die Indianer miteinander, ja?" Voller Stolz, dass meine Wahrheit bestätigt wurde und ich das Vertrauen des Vaters erfahren durfte, habe es ihm versprochen. Und wäre niemals in diesen Zeiten auf die Idee gekommen, es weiterzusagen.

Bernhard Groß

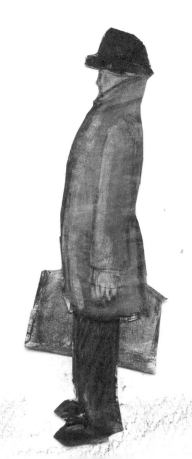

Bernhard Groß, geboren 1934 in Köln, ist der jüngste Sohn des am 23. Januar 1945 in Berlin-Plötzensee durch die Nationalsozialisten hingerichteten katholischen Widerstandskämpfers Nikolaus Groß. Als engagierter Sozialarbeiter in seinem eigenen Berufsleben hat er nebenher viel Zeit, Energie und Kraft aufgebracht, um das Wirken seines Vaters und auch das seiner Mutter Elisabeth zu dokumentieren. Er lebt in Duisburg. **Nikolaus Groß**, wurde am 7. Oktober 2001 durch Papst Johannes Paul II. seliggesprochen.

Solange wir uns erinnern können, sind wir jedes Jahr mit unseren Eltern in den Sommerferien nach Fehmarn gefahren. Meist ist Gereon mit Papa und Viki mit Mama in einem Auto gefahren. Bei Mama im Auto haben wir immer Lieder von PUR gehört. Bei Papa wurde mehr geredet. Über Sachen und so. Auf Fehmarn gab es ein paar ganz typische Dinge:

1. haben wir abends mit Papa Sternbilder angeschaut, er sagte immer: „Dort auf Fehmarn geht das am besten."
2. gab es anders als zu Hause kein Eis- und Süßigkeiten-Limit. Das haben wir dann natürlich immer voll ausgenutzt!
3. durften wir abends länger draußen bleiben, weil unsere Eltern im Urlaub auf der Insel einfach lockerer drauf waren.

Wenn wir an die Fehmarn-Urlaube denken, sind wir schon echt froh, dass wir sie dort mit unseren Eltern erleben konnten. Vergessen werden wir das ganz bestimmt niemals.

Viki und Gereon Gwosdek

Gereon Gwosdek, geboren 1998,
spielt gerne Klavier und Fußball und
ist Fan von Schalke 04.
Viktoria Gwosdek, geboren 1995, reist
gerne und spielt Klavier und Cello. Die
Geschwister leben in Herne.
Ihre Mutter **Ulrike** war Bankkauffrau.
Sie hat gerne gelesen und genäht. Sie
starb am 26. April 2010.
Ihr Vater **Rainer** starb am 4. Dezember
2010. Er war Maschinenbauingenieur
und hat sich in der Freizeit gerne mit
Modellbau und seinen Motorrädern
beschäftigt.

Ich denke oft an meine Schwester Barbara, die im Januar 2008 an akuter Leukämie verstorben ist. Da meine Stammzellen mit den Ihren übereinstimmten, war ich sofort für eine Spende bereit. Es kam eine außergewöhnliche Zeit, in der ich mit meiner kleinen Schwester sehr eng verbunden war. In ihren Augen war erst unendlich viel Angst, aber dann so viel Glück zu sehen. Ich hatte das Gefühl, ihr etwas wiedergeben zu können.

Mir fällt oft die Zeit ein, in der wir als Kinder gemeinsam mit den Eltern Urlaub machten. Mein Taschengeld habe ich immer sehr schnell in Bonbons und andere Süßigkeiten umgesetzt. Und am Ende des Geldes war immer noch so viel Urlaub übrig! Da kam mir eine Idee: Als Junge wird man ja grundsätzlich mit der Gabe bestückt, Judo und Karate zu können. Das wusste auch meine kleine Schwester. Also erteilte ich ihr Unterricht in Selbstverteidigung. Das kann man immer gebrauchen und das wurde natürlich mit ihrem Taschengeld bezahlt. Gerne war Barbara dazu bereit. Und natürlich gab es täglich neue Übungen, die ich ihr selbstverständlich beibringen musste.

Am Ende des Urlaubs war Barbara reicher an Erfahrung und ich reicher an Taschengeld bzw. Süßigkeiten. So hatten wir beide etwas davon.

Heute ist Barbara in ihrer Gestalt nicht mehr sichtbar, doch wenn ich in die Augen meiner drei Nichten schaue, entdecke ich immer wieder einen Teil von ihr. Das tut gut.

Norbert Heisterkamp

Norbert Heisterkamp hat, bevor er Stuntman und Schauspieler geworden ist, als Schlosser und Schweißer bei der RAG gearbeitet. Er ist verheiratet und hat drei Kinder und lebt in Kirchhellen. Die Freizeit gehört der Familie sowie dem aktiven Sport und Motorsport. Vor sieben Jahren hat er die Aktion „Fit for Kids" ins Leben gerufen, durch die Kinder mit Spaß an Sport und Bewegung herangeführt werden sollen.

Seine Schwester **Barbara** hat mit viel Power und Engagement dazu beigetragen, die Kurse zu beleben und zu füllen. Sie starb am 29. Januar 2008 mit 40 Jahren an Leukämie.

Vor einiger Zeit mussten wir von einem kleinen tot gefundenen Jungen Abschied nehmen, den keiner von uns kannte. Wir kennen auch nicht seine Eltern oder seine Herkunft. Und doch hat dieses Kind in diesen Tagen die Herzen vieler Menschen bewegt. Ich habe das gespürt, als jemand anrief und die Bestattung ausrichten wollte. Als ein anderer einen Grabstein gestalten wollte und Menschen Blumen spendeten. Dieses Kind hat Herzen bewegt und Mitmenschlichkeit, ja Liebe zutage treten lassen, mitten in allem Entsetzen über seinen Tod.

Ich habe ihn Mose genannt und ihm einen Engel in seinen Sarg gelegt. Dieser Engel ist in der Krypta der Stiftskirche zu Fischbeck auf dem Fenstersims zu finden. Er weint.

Ich denke, Gott weint auch mit uns um dieses Kind. Und auch für uns endet die Würde des Menschen nicht mit dem Tod.

Wir konnten den kleinen Mose auf einem Gräberfeld für Kinder beisetzen, die in der Schwangerschaft oder als Frühgeborene starben, meist geborgen innerhalb einer Familie. So wird er unter Kindern zumindest im Tod geborgen sein. So wird auch seine Mutter einen Platz haben, an dem sie um ihn trauern kann, wenn sie je nach diesem Ort sucht.

Gott weint mit uns. Der Engel weint mit uns. Wir weinen um dieses Kind. Wir vertrauen es der Barmherzigkeit Gottes an, der seinen Namen kennt. Wir glauben, dass der Name dieses kleinen toten Jungen bei Gott in das Buch des Lebens eingeschrieben ist.

Margot Käßmann

Margot Käßmann, geboren 1958, ist Pastorin der Evangelisch-luthe-rischen Landeskirche Hannovers und Botschafterin der EKD für das Reformationsjubiläum 2017. Die erfolgreiche Autorin ist Mutter von vier erwachsenen Töchtern.

Wenn ich an meinen Papa denke, dann habe ich
sein Aftershave „Old Spice" mit dem Schiff auf der Packung
vor Augen. Mein Papa hat das Parfüm immer benutzt. Wenn
er es mal nicht benutzte, roch er trotzdem danach. Einen
Flakon haben wir noch im Badezimmer stehen. Manchmal,
wenn ich mich ganz besonders an meinen Vater erinnern
möchte, drehe ich die Flasche auf und rieche daran.
Barbara Kasperek

Barbara Kasparek, geboren 1996,
ist Pfadfinderin und Messdienerin.
Sie singt außerdem im Chor und
geht gerne schwimmen. Sie lebt in
Mülheim a. d. R.
Ihr Vater **Martin**, geboren 1963,
war von Beruf Feuerwehrmann,
fuhr gerne Motorrad und war Hobby-
handwerker. Er starb am 26. Februar
2008 durch einen Suizid.

Streuselkuchen war eine der schlesischen Spezialitäten meiner Mutter, auch wegen der besonders großen Butterstreusel, die über die ganze Platte verteilt waren. Der Kuchen wurde samstags gebacken und dann – noch warm – für den Sonntag versteckt und in die Speisekammer gestellt. Dann bin ich schon mal dort hinein geschlichen, um von den Streuseln zu naschen. Die daraufhin entstandenen Löcher habe ich mit anderem Zeugs gefüllt, damit man es nicht bemerkt. Eines Tages, als mich die Gier nach den Streuseln wieder einmal überfallen hat, habe ich mich in die Kammer gestohlen, ganz leise, damit man mich nicht hört. Und wer steht drin? Mein Vater! Und macht das Gleiche, was ich sonst immer tat. Er nascht die Streusel! Er sieht mich, erschrickt kurz. Dann lacht er und sagt: „Du, wir zwei verraten uns nicht!"
Pater Josef Katzer OMI

Pater Josef Katzer OMI, geboren 1936, ist seit 1965 Pater im Orden der Oplaten Hünfeld. Er liebt das Musizieren, bildende Kunst, Wandern und begleitete häufig als Reiseleiter Gruppen in Israel. Die Bibel ist sein Hauptarbeitsgebiet. Seine Familie stammt aus der Grafschaft Glatz/Schlesien, im heutigen Polen.
Der **Vater** war Lebensmittelkaufmann, die **Mutter** Damenschneiderin.

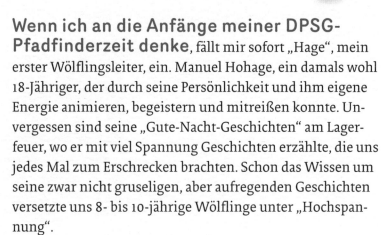

Wenn ich an die Anfänge meiner DPSG-Pfadfinderzeit denke, fällt mir sofort „Hage", mein erster Wölflingsleiter, ein. Manuel Hohage, ein damals wohl 18-Jähriger, der durch seine Persönlichkeit und ihm eigene Energie animieren, begeistern und mitreißen konnte. Unvergessen sind seine „Gute-Nacht-Geschichten" am Lagerfeuer, wo er mit viel Spannung Geschichten erzählte, die uns jedes Mal zum Erschrecken brachten. Schon das Wissen um seine zwar nicht gruseligen, aber aufregenden Geschichten versetzte uns 8- bis 10-jährige Wölflinge unter „Hochspannung".

Einmal kam er verkleidet als Peter Lustig von „Löwenzahn" in Gummistiefeln, kariertem Hemd und Latzhose und dem Gummibaum seiner Nachbarin unterm Arm zur Gruppenstunde. Er begrüßte uns und fragte sich laut, wie man wohl das Gummi aus diesem Baum bekommen würde. Er schnitt ein Blatt und den Stamm etwas an, um zu schauen, ob dort wohl Gummi rauslaufen würde. Wir Kinder hatten einen Riesenspaß und waren sofort motiviert, an diesem Thema weiter zu forschen.

Heute versuche ich als Pfadileiter ebenfalls ein motivierender Anleiter zu sein. Hage ist mir dabei ein großes Vorbild. Wir planen im Team Gruppenstunden und Projekte so, dass die Jugendlichen gerne kommen, Gemeinschaft erleben und vor allem eine Menge lernen. Diese Erfahrung können sie dann später, vielleicht auch als Pfadfinderleiter, selbst weitergeben.

Julian Kickuth

Julian Kickuth, geboren 1991, ist „frischer" Abiturient und Pfadileiter im Stamm St. Thomas Morus in Gelsenkirchen. Sein Tattoo mit einem „Wegzeichen" auf der Schulter steht als Erkennungszeichen für Hage. Julian ist Fan von St. Pauli und den „Toten Hosen".
Manuel „Hage" Hohage, geboren 1979, war begeisterter Pfadfinder. Nach der Ausbildung zum Tischler begann er ein Studium zum Berufsschullehrer Fachrichtung Holz- und Kunststofftechnik und Sport. Er konnte es aufgrund seiner Krankheit leider nicht abschließen. Er war engagiert, hilfsbereit, wissbegierig, abenteuerlustig, intelligent, originell, lustig, geduldig, fleißig, ordentlich, belehrend, perfektionistisch, mutig, stark, immer gut gelaunt ...

Das Zeichen auf der Hutkrempe ist ein Schnitzeljagdzeichen und bedeutet: Sucht nach Zeichen in eurer Umgebung. Manuel hat das in einem Abschiedsbrief so formuliert: „... ihr werdet Zeichen von mir finden." Aus Ästen gelegt, zierte es seinen Sarg und auch in der Todesanzeige war es abgedruckt. Jedes Jahr zum Todestag findet man das Zeichen wortlos im Zeitungsteil mit den Todesanzeigen.

Wenn ich an Mama denke, fallen mir viele Erinnerungen ein. Zuerst die Ausflüge, die wir zusammen gemacht und wie wir immer im Bett gekuschelt haben. Ich habe früher auch besonders schöne Bilderbücher von ihr bekommen. Die Klugheit habe ich von Papa und Mama geerbt, aber die Lust zu kochen nur von ihr. Im Kleiderschrank hängen selbstgenähte Kleider von Mama, die ich später vielleicht einmal anziehen werde. Sie ist an einem Familientag, meinem 8. Geburtstag, gestorben.

Eva Kirchner

Eva Kirchner, geboren 2000, ist Schülerin. In ihrer Freizeit macht sie am liebsten Sport und spielt Cello. Außerdem kocht sie gerne.
Lars Kirchner, geboren 2002, liebt Fußball, Trommeln und Musik hören, besonders die „Toten Hosen" und die „Ärzte". Die beiden leben in Duisburg.
Ihre Mutter Silke, geboren 1964, war Fachärztin für innere Medizin, Psychoonkologie und Naturheilverfahren. Sie fuhr gerne Ski, nähte und spielte Tennis und arbeitete im Garten. Sie starb am 13. April 2008.

Mit meiner Mutter konnte man gut kuscheln.

Und sie konnte gut nähen, sie hat Eva und mir ein Kissen genäht. Pistolen mochte sie nicht. Ich schon. Aber es ist schon in Ordnung, wenn eine Mutter nicht möchte, dass ihre Kinder mit Waffen spielen.
Lars Kirchner

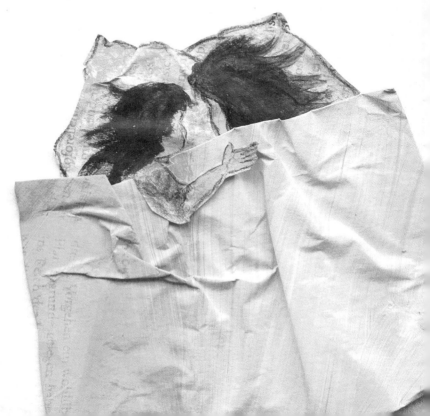

Als Kind und auch heute noch, wenn ich als Erwachsene darüber nachdenke, hat mich bei meiner Omi der tiefe Glaube beeindruckt. In die Kirche konnte sie wegen ihrer Gebrechlichkeit oft nicht gehen, aber sie praktizierte ihre Andachten zu Hause selbst. Nie wäre es ihr eingefallen, morgens aus dem Bett aufzustehen, ohne dass sie nicht den Psalm für den Tag und ein Tagesgebet gelesen hätte. Ein Erlebnis im Zusammenhang mit ihrem Glauben ist mir besonders im Gedächtnis geblieben. Sie war wohl schon über 80, als ihre Schwester starb. Das Besondere daran war, dass jene die letzte aus der Herkunftsfamilie meiner Omi war. Überhaupt gab es einfach niemanden aus ihrer Verwandtschaft oder Bekanntschaft in ihrem Alter. Meine Geschwister, meine Eltern und ich waren sehr traurig und weinten. Wir hatten Tante Minna kurz zuvor noch in der Lüneburger Heide besucht und sie war eine liebevolle, gütige Frau gewesen. Wie schlimm für meine Omi. Sie weinte auch, aber dann schloss sie sich für ihr Gebet in ihrem kleinen Zimmerchen ein. Sie verharrte dort, betete zu Gott, betete für ihre Schwester, sprach mit ihr. Danach kam sie heraus, war vollkommen gefasst und ruhig und tröstete uns. Sie, die viel mehr verloren hatte wie wir, war nach dem Gebet so gestärkt, dass sie für uns da war.
Sabine Kohmann

Sabine Kohmann, geboren 1965, ist Koordinatorin des ambulanten Kinderhospizdienstes in Baden-Baden. Sie ist gerne in der Natur, macht Sport und beschäftigt sich mit Spiritualität. **Ihre Großmutter** wurde 1899 geboren. Sie war Oberstudienrätin, liebte die Literatur und ihre Familie und starb am 1. Oktober 1983.

Ludger Koopmann, geboren 1954, ist Diplom-Heilpädagoge und leitet eine Frühförderstelle für behinderte und entwicklungsauffällige Säuglinge und Kleinkinder. Er ist verheiratet und Vater von drei Kindern im Alter von 25, 23 und 22 Jahren und lebt in Herne.

Seine Mutter **Wilhelmine**, geboren 1912, starb 1996 an einer Krebserkrankung.

Sein Vater **Wilhelm**, geboren 1920, starb am 23. Februar 2012 an einer Lungenentzündung, die im Rahmen eines Krankenhausaufenthaltes als Komplikation aufgetreten ist.

Wenn ich heute an meine Eltern zurück-denke,

habe ich sofort wieder dieses warme Gefühl und ich weiß, vieles von dem, was ich an meine Kinder weiter-gebe, ist in dieser Zeit angelegt worden. Ich konnte spielen bis in die Dämmerung hinein; drinnen oder draußen und immer war unsere Wohnung auch für meine Freunde offen. Ein wunderbares Gefühl von Sicherheit, Geborgenheit und Offenheit. Wenn ich an meine Mutter denke, fällt mir sofort wieder ihre warmherzige und sehr humorvolle Art ein und dass man sich immer willkommen fühlte. Denk ich an meinen Vater, habe ich sofort wieder die Abende vor Augen, an denen ich bei ihm und seinen Freuden sitzen durfte, wenn sie Skat spielten. Länger als sonst durfte ich als Vier-, Fünfjähriger bei ihnen sitzen; ich saß inmitten von (mäßig) trinkenden und (viel) rauchenden Männern und durfte die Pfennige und Groschen meines Vaters hüten; selten wurden sie mehr, des Öfteren musste ich was abgeben, wenn mal wieder ein Spiel verloren ging. Ich glaube, ich habe in diesen Stunden nie etwas gesagt und oft bin ich spät am Abend mit dem Kopf auf dem Tisch eingeschlafen. Für mich war es in dieser Zeit der schönste und sicherste Ort auf der Erde und noch heute habe ich sofort wieder diesen Tisch vor Augen, der gefüllt war mit Karten, Biergläsern, einem immer vollen Aschenbecher, drei unterschiedlich großen Geldhaufen und einem Teller, auf dem Schnittchen mit Gürkchen angerich-tet lagen.

Ludger Koopmann

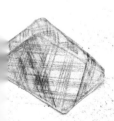

Eine Woche nach der Beerdigung begann ich, die Kleidung meines Mannes auszuräumen. „Es ist vorbei, alles muss weg", dachte ich. Aber als ich seine Hemden in die Hand nahm, spürte ich, dass ich diese schönen Stoffe, die Piet immer getragen hatte, gut für mein Hobby, das Quilten gebrauchen könnte.

Wenig später fing ich an, meine Idee in die Tat umzusetzen. Als ich jedoch das erste Mal mit der Schere in den Stoff eines Oberhemdes schnitt, spürte ich schmerzlich in meinem Körper, dass unsere 34 Jahre der Zweisamkeit vorbei waren ... ja, es fühlte sich so an, als würde ich Piet in Stücke schneiden.

Heute denke ich, es war gut für mich, diese Arbeit zu tun, die über ein Jahr dauerte. Stück für Stück beim Quilten dachte ich über die Zeit von Piet und mir nach. Ich weinte, ich schmunzelte, ich erinnerte, ich trauerte. Manchmal musste ich mich zwingen, weiterzuarbeiten.

Jetzt liegt die Decke im Schrank. Sie ist so schön geworden, schön auch durch die Erinnerungen an die Zeit mit Piet. Eines Tages wird sie meinen Sarg schmücken, wenn ich gestorben bin.

Bep Kramer

Elisabeth (Bep) Kramer, geboren 1940, ist Verwaltungsangestellte. Sie mag Klavierspielen, Handarbeiten und Malen. Mit ihrem Mann Piet hat sie vier Kinder. Sie lebt in Holland.

Piet Kramer, geboren 1944, war Maschinenbauer. Sein Beruf und sein Hobby: Direktor eines Tiefbauunternehmens. Er starb am 30. Juli 2009 nach einer Operation an der Aorta.

Rolf Rüssmann war einer dieser ganz besonderen Menschen, von denen es nicht viele gibt. Wir haben zusammen bei Schalke 04 gespielt. Rolf hatte ein unglaublich starkes Kopfballspiel. Dies, seine Sprungkraft und seine Technik, woran er jeden Tag verbissen gearbeitet hat, verbunden mit seiner Körpergröße, das war einmalig! Er, mein Zwillingsbruder Helmut, Klaus Fischer und ich waren ein Männerbund, wie es ihn in der Bundesliga ein zweites Mal nicht gibt. Rolf hat mich als Fußballspieler, später als Manager und immer als Mensch stark beeindruckt.

Rolf starb mit 58 Jahren an Prostatakrebs. Sieben Jahre vorher erfuhr er von der Krankheit und nahm den Kampf mit ihr auf, wie er sein Training auf dem Fußballplatz angegangen war: knallhart gegen den Gegner, unbarmherzig gegen sich selbst. Und nach den Chemotherapien hat er mit uns im Schalker Golfkreis noch gespielt. Fast unvorstellbar, aber typisch Rolf.

Ihn „nur" als Freund zu beschreiben, reicht nicht aus, um unsere Beziehung zu beschreiben. Wir waren wie Blutsbrüder! Wir teilten Freud und Leid. Rolf hatte so einen tollen Humor, er konnte auch über sich selbst lachen. Was Rolf sagte, das meinte er auch so. Er war einer der zuverlässigsten Menschen, die ich kenne. Sein Engagement für sozial schwache Menschen war vorbildlich und hat mich immer stark berührt.

Wenn es im Himmel gute und schlechte Plätze (Wolken) geben sollte, dann wird Rolf einen der besten bekommen. Ganz sicher.

Erwin Kremers

Erwin Kremers, geboren 1949, spielte als Stürmer von 1967 bis 1979 für Borussia Mönchengladbach, Kickers Offenbach und Schalke 04. Dabei erzielte er in 261 Spielen 61 Tore. 1972 wurde er mit der Deutschen Fußball-Nationalmannschaft Europameister gegen die Sowjetunion. Heute ist er Präsident des Schalker Golfkreises mit einem hohen ehrenamtlichen Engagement in Gelsenkirchen.
Rolf Rüssmann war ein deutscher Fußballspieler und -manager. Er gehörte mit 453 Spielen (48 Tore) zu den Spielern mit den meisten Bundesligaeinsätzen. Später war er beim DFB mit der Nachwuchsförderung im Ehrenamt betraut. Er starb am 2. Oktober 2009.

Wenn ich an meinen Vater denke, fallen mir auf Anhieb tausende Momente mit ihm ein. Doch ich glaube, dieser eine Moment wird mir und meiner Mama immer in Erinnerung bleiben. Ich war vielleicht grade mal sieben Jahre alt und übte in unserer Wohnung zum ersten Mal Springseil, als mein Vater nach Hause kam und meinte: „Komm ich zeig dir mal, wie das richtig geht." Ich wusste gleich, dass das nicht viel werden kann, aber sah ihm trotzdem gespannt zu. Mein Vater nahm sich also das Springseil, sprang vielleicht drei Mal damit auf dem Wohnzimmerteppich, schrie plötzlich auf und setzte sich mit Schwung aufs Sofa. Meine Mutter fuhr sofort mit ihm ins Krankenhaus. Dort musste er erzählen, wie es zu der Verletzung in der Wade kam. Ganz bestimmt war ihm das ziemlich peinlich. Das Ende der Geschichte war ein Muskelfaserriss und anstelle zu zeigen, wie Seilspringen funktioniert, musste er mir von da an eher dabei zuschauen.
Michelle Kretzer

Michelle Kretzer, geboren 1997, mag Computer, Fernsehen, Kino, Musik, faulenzen – und seit Neuestem auch Fitness. Sie lebt in Essen. Ihr Vater Raphael, geboren 1964, war gelernter Bäcker und arbeitete als Lebensmittelverkäufer. Seine Hobbies waren Filme, Fußball, essen und Badminton. Und er war Fan vom FC Bayern München. Er starb 2010.

„Liebe Mama, du bist immer so lieb zu mir, das freut mich sehr. Ich freu mich immer, wenn du mich morgens weckst, auch wenn ich noch müde bin. Du machst so lecker Essen und kaufst tolle Hollister-Shirts. Ich vermisse dich immer, auch wenn ich dich oft sehe. Ich hoffe du weißt, dass du mein Engel bist. Ich hab dich dolle lieb. Deine süße nette artige liebreizende Tochter Leonie."
Dies ist eine der Botschaften, die ich immer wieder von Leonie bekam. Ihre Leidenschaft fürs Schreiben war unglaublich. Sie schrieb Geschichten, Songs und Gedichte. Dabei ging es oft um ihre Gefühle, Freunde und Familie, um ihre Lebensfreude. Es machte mich immer sehr glücklich, ihre Werke oft als Einzige lesen zu dürfen und ihre Gedanken zu teilen. Das hat uns eng zusammengeschweißt.
Oft schrieb sie kleine Botschaften, und wenn es nur war, um zu sagen, dass sie sich eine Tomatensuppe macht. Und es war ihr das Wichtigste, dass wir uns, egal wo wir waren, auch wenn wir Streit hatten, schrieben und sagten: „Ich hab dich dolle lieb."

Dominique Lau

Leonie und ich hatten einen ganz besonderen Bezug zu ihren Stofftieren. Es waren die „Kumpels". Jedes neue Stofftier musste erst einmal mit einem Versprechen in den Kumpelbund aufgenommen werden: „Ich verspreche, Papa und Leonie immer Freude zu bereiten, für Spaß zur Verfügung zu stehen, bereit zu sein für Scherze und die anderen Kumpels zu respektieren." Dieses Kumpelversprechen wurde abschließend mit etwas Wasser aus dem Hahn des Waschbeckens besiegelt.
Wenn es Probleme gab, über die Leonie nicht sprechen wollte, kamen die Kumpels und haben das Eis gebrochen. Ihnen hat sie alles anvertraut und sie waren immer da, um Tränen zu trocknen. Nun liegen die Kumpels bei mir im Bett und ich erwische mich oft, wie ich mit ihnen rede oder meine Tränen von ihnen trocknen lasse.

Marc Behring

Dominique Lau, geboren 1978, arbeitet als Erzieherin im Kinderheim. Ihr größtes Hobby war ihr Kind, sonst Klettern und Musik. **Marc Behring**, geboren 1976, ist Diplom-Ingenieur bei Mitsubishi Electrics Europe. Er macht viel Sport (Triathlon, Ski), mag alte Autos und Handwerkliches und natürlich war Leonie das Größte. Ihre gemeinsame Tochter **Leonie**, geboren am 27. März 2001, war sehr fröhlich und immer offen für Neues. Sie liebte die Farbe Türkis, Totenköpfe, Musik hören, Hollister, Chipse, Freunde treffen, ihr Püppi, Tomatensuppe und war ein großer Star-Wars-Fan. Auch das Schreiben war ein Teil von ihr. Am 1. Februar 2012 starb sie an den Folgen eines Verkehrsunfalls.

Ich war zwölf Jahre alt und seit zwei Jahren selbst mit Musik und dem intensiven Schlagzeugspielen beschäftigt, als ich meinen Vater eines Abends anrief und ihn fragte, ob er mit mir das Festival „Rock am Ring" besuchen würde. Er war von der Idee total begeistert und wir bestellten sofort die Karten.

Als diese ankamen, berieten wir uns direkt darüber, welche Bands wir sehen wollen, wie wir zelten und was wir dort unternehmen möchten. Wir haben uns einfach nur auf die Veranstaltung gefreut.

Leider kam es nicht mehr zu dem Festivalbesuch, da mein Vater einen knappen Monat zuvor verstarb.

Ich entschied mich dafür, „Rock am Ring" trotzdem zu besuchen, und fragte meinen Onkel Sevan, ob er mit mir hinfahren würde. Ich war mir sicher, dass mein Vater dies gewollt hätte. Es hat Spaß gemacht und war definitiv eines der schönsten Erlebnisse meiner Kindheit. Ich habe drei Mal hintereinander an dem Festival teilgenommen und jedes Mal dabei an meinen Vater denken müssen. So war er für uns immer wieder gedanklich mit dabei.

Ohne diesen Festivalbesuch hätte ich wahrscheinlich nie wirklich tiefgründig zur Musik gefunden. Mittlerweile mache ich schon ziemlich lange Musik und spiele derzeit in der Band „Face Your Fear".

Tony Lorey

Tony Lorey, geboren 1993, macht
und hört gerne Musik. Der ange-
hende Student trommelt und reist
mit Begeisterung. Tony lebt in
Gelsenkirchen.
Sein Vater **Toralf** war Zahnarzt.
Er starb am 20. April 2006 im Alter
von 41 Jahren.

Zu Hause in unserem Flur hängt ein Janosch-Kalender von 2005. In dem Jahr ist meine Mutter gestorben, ich war damals sechs Jahre alt. Sie mochte Sachen von Janosch sehr gerne, wir hatten auch viele Bilder davon. Heute muss ich manchmal schmunzeln, wenn ich die gelb-schwarzen Quietsche-Enten sehe, mit denen ich als kleines Kind in der Badewanne gespielt habe.
Moritz Melcher

Moritz Melcher, geboren 1998 in
Wanne-Eickel, treibt sehr viel Sport.
Er spielt Tennis und Fußball und
macht Kampfsport. Außerdem spielt
er gerne Gitarre.
Seine Mutter **Sigrun**, geboren 1968,
war Hotelfachfrau und sammelte alles
Mögliche von Janosch. Außerdem
spielte sie Querflöte und Klavier. Sie
starb am 21. März 2006.

Jeden Sonntag gegen halb drei fuhren wir zu meiner Oma. Nachdem wir selbstgebackene Waffeln oder Kuchen gegessen hatten, spielten wir „Mensch ärgere dich nicht", das war ihr Lieblingsspiel. Dabei spielte sie immer mit den grünen Püppchen und einem weißen Würfel, auf dem Punkte deutlich sichtbar waren. Zwar behauptete sie immer, dass es ihr nicht wichtig sei, zu gewinnen, doch wenn sie nicht die Zahl würfelte, die sie brauchte, schmiss sie den Würfel und wurde immer ehrgeiziger. Und auch das war jeden Sonntag gleich: Nachdem wir ein paar Runden gespielt hatten, guckte sie jedes Mal auf die Uhr und sagte: „Ein Spiel noch, dann schieb ich die Brötchen in den Ofen." So sahen, solange ich mich erinnern kann, die üblichen Sonntagnachmittage mit meiner Oma aus. Ich denke gerne daran zurück.

Johanna Milewski

Johanna Milewski, geboren 1994, ist Schülerin in Gelsenkirchen. Sie spielt Feld- und Hallenhockey, mag Kino und verbringt gerne Zeit mit ihren Freunden.
Ihre Oma **Magret Schwiderski**, geboren 1931, war Besitzerin einer Heißmangelstube. Sie ging gerne ins Café und in den Stadtgarten und liebte Gesellschaftsspiele. Ihre Spezialitäten waren Apfel- und Käsekuchen und Kohlrabi. Sie starb am 28. Dezember 2010.

Meine Mutter hat zum Geburtstag ein Paar weiße Chucks von All*Stars bekommen. Die habe ich von ihr geerbt, als sie gestorben ist. Sie passen mir schon gut, aber vom Tragen sind sie schon ein bisschen dreckig. Man kann sie aber in die Waschmaschine stecken. Wenn die Schuhe mir nicht mehr passen, dann stecke ich sie in meine Schatzkiste. Meine Schwester bekommt sie nicht!!

Paul Nachtigal

Paul Nachtigal, geboren 2001,
lebt in Gladbeck. Seine Hobbies:
Fußball, Fußball, Fußball ...
Seine Mutter **Silke**, geboren 1969,
starb im Mai 2009.

Nein, es gibt nicht dieses eine Ereignis, das
mich an meinen Vater denken lässt. Tatsächlich haben wir
wenig Zeit miteinander verbracht. Nähe und Distanz wechselten sich dabei eigentümlich ab. Ich sah ihm zu, wie er
sich als Arzt bis zum Umfallen für seine Patienten einsetzte,
während er scheinbar nichts zu tun hatte mit meiner Welt,
ob Schulsorgen, Liebeskummer oder dem kratzigen Pullover,
den ich immer sonntags tragen musste.

Ich habe meinen Vater bewundert, als er Ende der 1960er-
Jahre aus der katholischen Kirche austrat – eine ungeheuer-
liche Auflehnung gegen ein damals noch bis in die kleinste
Gemeinde reibungslos funktionierendes Glaubensregime.
Seine konzentrierte Begeisterung, wenn er im Garten Tiere
beobachtete, hat mich ergriffen. Und es hat mich fasziniert,
dass er im gesetzten Alter überraschend einen Rucksack-
urlaub in Griechenland unternahm.

In manchen Momenten konnte mein Vater mir ganz, ganz
nah sein – mit einem einzigen, einem besonderen Blick, der
Wärme und ein Urvertrauen ausdrückte. Und zu dem immer auch ein Satz gehörte. „Du machst das schon", pflegte
er dann zu sagen. In jenen Momenten war der Alltag kurz
ausgeschaltet, wir standen uns als Vater und Sohn ganz un-
mittelbar gegenüber und ich empfand eine große Innigkeit.
Es war dieser Blick, mit dem er mich eines Abends aus
seinem Krankenzimmer entließ. Von seiner Demenz und
der Parkinson-Krankheit schon schwer gezeichnet, starb
er noch in der gleichen Nacht. Das Wohlgefühl, das dieser
Blick in mir auslöste, durchströmt mich noch heute.
Achim Nöllenheidt

Achim Nöllenheidt, geboren 1951, ist Vater von zwei Kindern (Hannah, 18, und Jannis, 22) und lebt glücklich unverheiratet mit Ilona Bär in Bad Honnef. Er ist freier Lektor und Buchautor sowie Mitarbeiter im Essener Klartext Verlag.
Sein Vater, **Dr. Hans Nöllenheidt**, geboren 1929, war ein sehr einfühlsamer Mensch, außerdem oder deshalb Arzt aus Berufung. Er konnte Wärme spenden wie kein anderer. Er starb im Jahr 2004.

Der erste Ruhrbischof Franz Hengsbach war stets ein mutiger Mann. Für die breite Öffentlichkeit wurde das vor allem sichtbar, als er Ende 1971 den Aldi-Chef Theo Albrecht aus den Fängen von Entführern befreite. Damals hatten zwei Banditen den Einzelhandelsfilialisten gekidnappt und in ein dunkles Versteck in Düsseldorf verschleppt, wo sie ihn 17 Tage lang gefangen hielten. Sie forderten sieben Millionen DM für seine Freilassung. Der Ruhrbischof, der zuvor nie Kontakt mit Theo Albrecht hatte, war sofort bereit, mit den Erpressern zu verhandeln und das Lösegeld zu überbringen, um so das Leben des Aldi-Chefs zu retten. „Auch Mutige haben Angst", vertraute mir Franz Hengsbach an, als wir einmal in seinem Arbeitszimmer zu einem ausführlichen Gespräch zusammen saßen: „Als ich damals zugesagt hatte, den Theo Albrecht aus den Fängen der Erpresser herauszuholen, wurde mir auf einmal angst und bange. Die Polizei hatte mich gewarnt, die Entführer seien schwer bewaffnet. Zunächst überlegte ich, ob ich auch eine Pistole mitnehmen sollte. Aber ich hätte sie ja ohnehin nicht einsetzen können, denn das Gebot ‚Du sollst nicht töten!' steht dem entgegen. Eine schusssichere Weste wurde mir als möglicher Schutz empfohlen, doch mein Vertrauen in ein solches Kleidungsstück war auch nicht sehr groß. Zwei Exemplare des Neuen Testaments habe ich schließlich unter meine Bischofsweste gepackt – als Schutz, dem ich mehr als allem anderen vertraute." Gern und oft erinnere ich mich an Franz Hengsbach – beim Blick auf das Hansing-Bild von ihm in meinem Büro und bei der Begegnung mit meiner jüngsten Tochter Mareike, die er 1987 als Zeichen unserer engen Freundschaft in der Krypta des Essener Domes getauft hat.

Friedhelm Ost

Friedhelm Ost, geboren 1942,
war 1973–1985 Wirtschaftsredak-
teur, Filmautor, Moderator und
Kommentator beim ZDF sowie
Chef der ZDF-Wirtschaftsredaktion
(u.a. WISO). Von 1985 bis 1989 war
der studierte Volkswirtschaftler
Staatssekretär, Chef des Presse-
und Informationsamtes der
Bundesregierung und Sprecher
der Bundesregierung, 1989-1990
Wirtschaftspolitischer Berater des
Bundeskanzlers, freier Journalist
und Publizist. 1990–2002 war er
Mitglied des Deutschen Bundes-
tages.

Franz Hengsbach, geboren 1910
in Velmede, wurde 1957 zum
ersten Bischof des neugegründe-
ten Bistums Essen berufen. 1988
wurde er zum Kardinal ernannt.
Die Verbundenheit mit dem Ruhr-
bistum drückt sich auch darin
aus, dass sein Bischofsring nicht
von einem Edelstein, sondern von
einem eingefassten Stück Kohle
geschmückt wird. Er starb nach
schwerer Krankheit am 24. Juni
1991 in Essen.

Kann es für einen Fünfjährigen ein schöneres Geburtstagsgeschenk geben? Die erste eigene Taschenlampe! Noch dazu in Form einer grünen Schlange, die aus dem Mund leuchtet. Alex, Thimos bester Freund, hat das Geschenk selbst ausgesucht. Er wusste, was seinen Kumpel glücklich macht. Thimos fünfter Geburtstag war abenteuerlich und wunderschön. Im Garten hatten wir ein riesiges Zelt aufgebaut, in dem zwölf Kinder, Verzeihung: Indianer, samt Würstchen und Torte Platz fanden. Ein plötzlicher Wolkenbruch sorgte für heimelige Stimmung, später, als Regen und Torte zu Ende waren, konnten wir sogar noch Pfeil und Bogen schießen gehen. Die Geschenke warteten inzwischen geduldig in der Wohnung. Als die Gäste gegangen waren, schnappte sich Thimo die Schlangentaschenlampe. Er rannte in sein Zimmer, kroch unter die Bettdecke, und ein paar Sekunden später hörte ich seinen Jubelschrei: „Hey, Mama, cool! Jetzt weiß ich endlich, wie es im Finstern ausschaut!"
Barbara Pachl-Eberhart

Barbara Pachl-Eberhart ist Autorin, Atempädagogin und Trauerbegleiterin in Wien. Ihre Hobbys
sind zu ihrem Beruf geworden.
Schreiben. Lesen. Lachen. Weinen.
Fühlen. Außerdem wandert und
zeichnet sie gern.
Ihr Sohn **Thimo Paul Eberhart**,
Schlingel, Schmusekind, Pud-
dingkoch, wurde am 13. Juni 2001
geboren. Er starb zusammen mit
seiner Schwester Fini und seinem
Vater am Ostermontag 2008.
Was bleibt, ist sein verschmitztes
Lachen, die Musik seiner Stimme,
sein Mut und sein Zögern.

Ich vermisse am meisten das „Dreierpack", das ich mit Mama und Papa immer vor dem Ins-Bett-Gehen gemacht habe. Da muss man sich in den Arm nehmen, hüpfen und rufen: „Dreierpack"!
Und dann schafft man alles. Jetzt machen Mama und ich „Zweierpack" zusammen.
Elena Redmann

Wir waren das „Dreierpack"! Dirk war ein absoluter Familienmensch. Nichts und niemand außer der Tod – und der auch nur bedingt – konnte uns auseinanderbringen oder uns etwas anhaben. Mein Mann war ein lebensbejahender, humorvoller Mensch, der sehr am Leben hing. Darüber hinaus war er für alle, die ihm nahestanden, der „Fels in der Brandung", auf den man sich bedingungslos und ohne Wenn und Aber verlassen konnte. Er wurde von vielen Menschen wegen seiner Selbstsicherheit, seiner Art, sich nicht zu verbiegen und seinen eigenen Weg zu gehen und doch immer für andere da zu sein, gemocht. Beruflich hat er durch seine kreative Denkweise viel bewegt, respektvoll den Kollegen gegenüber und immer authentisch. Cool, aber nie kühl. Wer ihn kannte, musste ihn einfach mögen.
Jenny Redmann

Elena Redmann, geboren 2002, tanzt und singt gerne und spielt Gitarre. Sie ist ein sehr mutiges Mädchen, das keine Scheu hat, aus einer Menge aufzustehen, um ihre Meinung zu vertreten. Sie lacht so gerne, ist freundlich und hat sehr gerne viele Leute um sich.
Jenny Redmann, geboren 1965, malt und reist gerne. Sie lernt Spanisch, läuft Ski und am liebsten kuschelt und lacht sie mit Elena. Zusammen wohnen sie in Mülheim a. d. R.
Dirk, geboren 1966, war ein absoluter Schalke-Fan. Neben Fußball spielte er auch Tennis, konnte sehr gut kochen und reiste gerne nach Sylt, auf Mallorca und in die USA. Er starb am 18. September 2010.

Charly Neuman war von 1976 bis zu seinem Tod am 11. November 2008 Mannschaftsbetreuer des FC Schalke 04 und bei den Fans wegen seiner Volkstümlichkeit sehr beliebt. Ich kenne viele schöne Geschichten, in denen Charly die Hauptrolle spielte. Eine jedoch brachte unserem Verein weltweiten Ruhm ein: Im Mai 1987 war Papst Johannes Paul II. auf Deutschland-Besuch. Im Parkstadion feierte er mit 100 000 Gläubigen eine Heilige Messe. Natürlich war auch Charly dabei. Bevor die Messe begann, trug sich der Heilige Vater in das Goldene Buch der Stadt Gelsenkirchen ein. Als sich der Papst danach in seinem „Papamobil" auf den Weg vom Trainingsfeld in das Stadion machte, lief ihm Charly Neumann mit einer Beitrittserklärung von Schalke 04 winkend hinterher. Keiner der zahlreichen Leibwächter konnten ihn aufhalten. „Eure Heiligkeit müssen noch Mitglied bei uns werden", rief er und drückte sie dem verschmitzt lächelnden Papst in die Hand. Vier Wochen später kam die Beitrittserklärung per Post unterschrieben aus dem Vatikan auf Schalke an. Der Papst war Ehrenmitglied des FC Schalke 04 – dank unserem Freund Charly Neumann.

Gerd Rehberg

Gerd Rehberg, geboren 1936, war
bis 1992 auf der Zeche Westerholt
als Steiger tätig. Von 1979 bis 2004
war er ehrenamtlicher Bürgermeis-
ter der Stadt Gelsenkirchen, von
1994 bis 2007 Vorstandsvorsitzen-
der des FC Schalke 04. Er ist Träger
des Bundesverdienstkreuzes und
des Verdienstkreuzes erster Klasse
und Ehrenpräsident von Schalke 04.
Karl-Heinz „Charly" Neumann,
geboren 1931, war seit 1976 Mannschaftsbetreuer von Schalke 04
und als solcher legendär. 2003
wurde er Mitglied des Ehrenpräsi-
diums von FC Schalke 04. Er starb
am 11. November 2008.

Ein goldenes Kommunionkreuz in meinem Schmuckkästchen erinnert mich an meinen elf Jahre älteren Bruder Willi und an seinen letzten Urlaub.

Im August 1942 durfte er als 22-Jähriger das Lazarett in Berlin zu einem Genesungsurlaub im Umkreis von hundert Kilometern verlassen. Wie viele andere Soldaten machte er sich aber in seine Heimat auf und fuhr fast 500 Kilometer weiter, um zu uns nach Gelsenkirchen zu kommen.

Nach sieben Tagen erhielt er ein Telegramm vom Kameraden: „Wir rücken wieder an die Ostfront." Es war ihm wichtig, noch am Abreiseabend um 20 Uhr die Dienstagsgruppenstunde seiner Kolpingbrüder zu besuchen. Um 22 Uhr fuhr er mit dem Zug nach Berlin, meine Mutter brachte ihn zum Bahnhof. Sie erzählte später, dass die Freunde Willi das Kolpinglied zum Abschied sangen.

Der Winter kam, aber keine Post mehr von meinem Bruder. Unser Vater hörte abends immer den „Feindsender" BBC im Radio. So wusste er, wenn die deutschen Soldaten in Russland auf der Flucht waren, schwere Angriffe erlebten, mit kaputten Schuhen und ohne Handschuhe in der eisigen Kälte unterwegs waren. Ich als Kind stellte mir das immer sehr plastisch vor, eine schlimme, traurige Vorstellung. Anfang März 1943 erreichte uns die Nachricht vom Tod meines Bruders.

Nur neun Jahre habe ich Willi als Bruder erlebt. Er war für mich ein kluger, witziger und guter Bruder.

Mein goldenes Kommunionkreuz hat er mir im Jahr vor dem Krieg, in Friedenszeiten, von einem ganzen Gesellenmonatsgehalt gekauft.

Helene Schroeter

Helene Schroeter, geboren 1931,
war Volontärin und Lehrköchin. Sie
liest gerne und hört Musik. Urlaubs-
reisen nutzt sie, um sich weiterzu-
bilden und Neues kennenzulernen.
Sie lebt in Gelsenkirchen.
Ihr Bruder Wilhelm Pröpper, geboren 1920, war Schreiner. Er las
gerne und die Kolpingrunde am
Dienstagabend war ihm wichtig. Er
ist als Soldat gefallen am 13. Januar
1943.

An manchen Tagen sind alle Erinnerungen an meine Mutter wie weggepustet. Sosehr ich mich bemühe, ich habe weder Bilder vor Augen, noch erinnere ich mich an Anekdoten. Mittlerweile weiß ich, wie ich sie mir wieder ins Gedächtnis rufen kann: Es sind die Gerüche, die mir dabei helfen. Zum Beispiel gibt es ein Waschmittel, das mich an sie erinnert. Als ich vor etwa sieben Jahren in meine erste eigene Wohnung zog, schenkte sie mir zum Geburtstag einen Zuschuss für die Waschmaschine. Sie versteckte Münzen und Scheine in einem Waschpulverkarton. Noch Wochen später flog Waschpulver überall in meiner Wohnung herum, das Geld stank schrecklich nach Seife. Da es nicht ganz ausreichte, gab ich es schließlich doch für etwas anderes aus – zugegeben für weniger nachhaltige Dinge. Die Waschmaschine kaufte ich mir erst viele Jahre später. Das Waschmittel habe ich hingegen aufbewahrt (was übrigens zeigt, wie sehr ich die Tochter meiner Mutter bin) und damit die erste Wäsche in meiner neuen Waschmaschine gewaschen. Zu diesem Zeitpunkt war meine Mutter schon zwei Jahre tot. Auch wenn sie sich das so sicher nicht vorgestellt hat, hat sie mir dennoch ein nachhaltiges Geschenk gemacht. In Form eines Geruches, der mir noch jahrelang helfen wird, Erinnerungen an sie ins Gedächtnis zu rufen.
Marie Schwinning

Marie Schwinning, geboren 1984 in Essen, ist von Beruf Redakteurin. Als Diözesanreferentin der DPSG Essen tritt sie in die Fußstapfen ihrer Mutter.
Ulla Schwinning, geboren 1960 in Oberhausen, war Supervisorin und bei der PSG auf Diözesanebene aktiv. Sie starb am 20. Juli 2009.

„Ich wollte immer sein wie Du", so heißt das
Lied, das ich vor einigen Jahren für meinen Vater geschrieben habe. Als es veröffentlicht wurde, hat das wohl den
einen oder anderen verwundert; galt ich doch seit meiner
Heintje-Karriere als das „Mama"-Kind schlechthin.
Doch es war mein Vater, ein einfacher Bergmann, der mir
zeitlebens ein Vorbild war.
Wenn er abends von der Grube nach Hause kam, egal wie
hart sein Tag auch war, nahm er sich Zeit für uns Kinder. Er
hatte stets ein offenes Ohr für unsere Probleme, erzählte
uns unzählige Geschichten, brachte uns zu Bett, und waren
wir krank, war er es, der uns zum Arzt begleitete. Was ich an
ihm besonders schätzte, war seine Geradlinigkeit.
Dies änderte sich auch nicht, als sich durch meinen Erfolg
als Kinderstar unsere finanzielle Situation änderte, und
plötzlich bekannte Menschen an unsere Tür klopften.
Er blieb der, der er war. Ein ehrlicher, geradliniger Mensch,
der mich lehrte, dass nicht der Ruhm, sondern die Achtung
gegenüber dem anderen und vor allem vor sich selbst das
größte Gut des Menschen ist. Er hat sie nie verloren, seine
Achtung, auch nicht in seinen letzten Wochen, als er, von
der Krankheit schwer gezeichnet, um nur eines bemüht
war: uns Mut zuzusprechen.
Hein Simons

Hein Simons wurde 1955 in Kerkrade/Bleijerheijde in den Niederlanden geboren. Als „Heintje" wurde er vor allem durch sein Lied „Mama", das im Oktober 1967 erschien, auch in Deutschland berühmt. Er war außerdem in einigen Filmen zu sehen. Der Sänger ist Vater von drei Kindern und lebt in Belgien.
Sein Vater, **Hein Simons senior**, war in seiner Freizeit Fußballfan, Hobbygärtner und Heimwerker. Er starb 1988 mit 66 Jahren an Krebs.

Als sich meine Mutter mit 81 Jahren nicht mehr sicher genug fühlte, um alleine zu leben, zog sie zu uns. Mein Mann Gert, unsere kapriziöse Katzendame Nina und ich lebten mit ihr und ihrer warmherzigen, groß-zügigen, fröhlichen und lebensbejahenden Art die letzten sieben Lebensjahre gerne zusammen.

Was meine Mutter trotz ihrer Vergesslichkeit nicht verloren hatte, war die Fähigkeit, Situationen treffend einzuschätzen – und ihren wunderbaren Humor. Ich erinnere mich zum Beispiel an einen Kniffelabend, an dem sie wieder einmal mit unverschämtem Glück gesegnet war. Mich hat das der-art geärgert, dass ich einfach ein viertes Mal würfelte und im Stillen annahm, sie würde es nicht bemerken. Sie schien es tatsächlich nicht mitbekommen zu haben und wir setz-ten unser Spiel fort. Doch auf einmal lächelte Mütterchen, nein, sie schmunzelte ohne für mich sichtbaren Anlass. Ich fragte, worüber sie sich freue und sie antwortete schalkhaft: „Ich habe gar nicht gewusst, dass ich eine Tochter habe, die nicht bis drei zählen kann!"

Karin Steinmetz

Karin Steinmetz, geboren 1943, ist Diplom-Sozialarbeiterin. Sie lebt in Baden–Baden, wandert, segelt und liest gerne. Und genießt es, mit lieben Menschen zusammen zu sein.

Ihre Mutter **Johanna Kirsch** wurde 1920 in Berlin geboren. Die Schulsekretärin liebte es zu reisen und zu lesen, Bridge zu spielen und ins Theater zu gehen. Sie starb am 11. Juni 2009.

„Jetzt kann Ihnen eigentlich nur noch der Seelsorger helfen." Mit diesen Worten wurde Kai mit mir bekannt. Er konnte kaum glauben, was ihm die Ärzte bestätigt hatten: Sein Leben sei bedroht durch den Hautkrebs, der kaum größer als ein Stecknadelkopf war. Chemotherapie wurde notwendig. Kai kämpfte. „Das kann doch alles nicht wahr sein", stammelte er in den Phasen der Trauer immer wieder. Dann der Aufstand: „Bald geht es bergauf. Nach der nächsten Chemo." Ich konnte im Kontakt mit seiner Familie und seinen Freunden ein Gespräch herbeiführen. Viele Tränen. Endlich. „Wir haben uns nicht getraut, dich anzusprechen, wie schlecht du aussiehst." „Ich wollte dich nicht noch trauriger machen." Kai hörte gespannt zu, was jeder in der Runde zu sagen hatte. Am Ende sagte er mit fester Stimme: „Helft mir doch, dass ich daheim bleiben und meine Frau weiter zur Arbeit gehen kann."

Die Freunde schmiedeten einen Plan. Die Vier wechselten sich ab. Nach sechs Wochen meinte Kai: „Die denken bestimmt: Warum lebt der immer noch?" Ich daraufhin: „Dann lass uns mit ihnen reden." In der Runde seiner Familie und Freunde sagte er ihnen klar: „Ich lebe ja immer noch. Wenn es euch zu viel wird, muss ich eine andere Lösung finden." Betretenes Schweigen. Ich ermunterte alle zum Reden. Es tat ihnen gut, zu erzählen, frei, ohne Scham; wie sie sich schon nach vier Wochen fragten, warum sie die Zusage gegeben hatten, ihn zu begleiten. Jetzt sei wirklich eine Grenze erreicht.

Ich konnte Hospizhelfer finden, die mithalfen, dass täglich einer bei Kai war. Eine Woche nach dem Gespräch in der Runde war ich bei meinem Vorlesen aus dem Buch mit dem kleinen Prinzen – ich war alle drei Tage bei ihm – an die Stelle gelangt, wo der kleine Prinz zu den Sternen schaut. „Wenn du bei Nacht den Himmel anschaust, wird es dir sein, als lachten alle Sterne, weil ich auf einem von ihnen wohne, weil ich auf einem von ihnen lache." Kai schaute zum Fenster. Ich öffnete es, damit er besser hindurchsehen konnte. Ihm gefiel diese Stelle. „Lies noch einmal." – In der Nacht starb er.

Paulus Terwitte

Bruder Paulus Terwitte, geboren 1959, ist seit 1978 Kapuzinernbruder und wurde 1985 zum katholischen Priester geweiht. Sterbende zu begleiten und jene, die trauern – vorm, beim und nach dem Sterben ihrer lieben Mitmenschen –, ist für ihn selbstverständlich. Er ist Seelsorger in Frankfurt am Main und moderiert in Sat.1 sonntags die Sendung „so gesehen – Talk am Sonntag".

Kai starb 1996, im Alter von 45 Jahren, an den Folgen von Hautkrebs.

Mein Bruder Felix – kritisieren, ja, das konnte er!

„Pia, nimm die Füße vom Tisch!" „Pia, schau nicht so viel fern!" Vor allem konnte er über meine Kochkünste meckern. Als es langsam bei ihm zu Ende ging und er nicht mehr kochen konnte, wollte ich das übernehmen. Während ich Kartoffelgratin vorbereitete, setzte sich Mams Freundin zu ihm. Sie erzählte mir später, dass er zu ihr sagte: „Wenn Pia kocht, schmeckt mir das nicht." Das machte mich zunächst traurig, doch dann dachte ich: „Ich werde es lernen, für ihn." Und immer, wenn ich jetzt koche, denke ich daran und schmecke das Essen ab, ob es nun o.k. ist oder ob er wieder was zu meckern hätte. Dann ändere ich es oder denke einfach: „Na, das Kartoffelgratin hast du ja damals trotzdem gegessen. Soooo schlecht war es wohl auch nicht, oder?" Insgesamt war es aber schon echt klasse, ihn als Bruder zu haben. Wir hatten echt auch viel Spaß!

Pia van Eickelen

Pia van Eickelen, geboren 1997, ist Deutsche Meisterin beim Videoclipdancing 2009, 2010, 2011 und 2012 und Europameisterin 2010 und 2011. Außerdem telefoniert sie gern und trifft sich mit ihren Freunden. Sie lebt in Heiligenhaus.
Ihr Bruder **Felix** konnte gut kochen und Skifahren, segeln und Kanu fahren. Er war sehr ordnungsliebend und mochte Tiere (und sie ihn). Er starb im März 2012.

Liebe Oma,

„doeke doeke doeke, lieve schat van moeke ..." („oe" klingt wie „u")

Ach, Oma, ich höre noch, wie du es singst, damals für mich, später auch für Nienke und Anouk, meine Kinder.

Mutter meiner Mutter, meine Großmutter, Urgroßmutter meiner Töchter! Vier Generationen Frauen ....

Dankbar bin ich für so eine besondere Oma, so ein schöner Mensch! Du konntest so vieles genießen und andere daran teilhaben lassen! Dann sagtest du: „Kijk eens wat PRÁCHTIG!" (Schau mal, wie PRÄCHTIG!)

Für mich war es immer ein kleines Fest, an einem freien Tag mit dem Fahrrad von Groningen zu dir nach Zuidlaren zu fahren. Den ganzen Weg über habe ich mich schon gefreut ... Dann saßt du unterm Sonnenschirm und hast Ausschau gehalten: „Kind, schön, dass du da bist, setze dich schnell, möchtest du eine Tasse Tee und einen Keks?" Bei dir konnte ich immer nach Hause kommen.

Ich lernte vieles von dir: stricken, häkeln, weben, aber vor allem die Freude, etwas Neues entstehen zu lassen, kreativ zu sein, mich zu trauen, es musste gar nicht perfekt sein. Heute ist das beruflich zu meiner Herzensangelegenheit geworden und ich denke oft, das hast du mir beigebracht und das ist so schön! Immer noch verarbeite ich deine Perlen und Garne, die du von deinen vielen Reisen mitbrachtest.

Liebe Oma, was bin ich froh um so viele gute Erinnerungen. Du fehlst mir, und trotzdem finde ich dich in Allem um mich herum.

Liebe Oma, ich werde nicht vergessen, dass ich nie zu alt bin, neu anzufangen!

Einen ganz dicken Kuss von Mirjam

Mirjam Verspuij

Mirjam Verspuij, geboren 1969,
ist Textilgestalterin. Sie hatte eine
besondere Verbindung zu ihrer
Oma und spürt ihre Unterstützung
über deren Tod hinaus. Mirjam
kommt aus Groningen/Niederlande
und lebt in Aachen.

Margaretha Hilda Visser-Meijer,
geboren 1915, war Mutter einer
Tochter und sechs Söhnen, Großmutter von 20 Enkelkindern und
inzwischen an die 29 Urenkel-
kindern. Sie war eine weltoffene,
starke, mutige, kreative und
naturliebende Frau und hat es sehr
genossen, ihre Familie um sich
herum zu haben. Mit 93 Jahren
starb sie im Jahr 2009 an den
Folgen eines Hirnschlags.

Es gehörte zu Christophs Lieblingsbeschäftigungen, am Sonntag einen Ausflug zu machen. Er war in dem Sommer zehn Jahre alt, als wir einen kleinen Freizeitpark im Schwäbischen Wald besuchten. Vesper wurde eingepackt, der Freund eingeladen und los ging's. Am Ziel angekommen, musste fast alles mit viel Ausdauer ausprobiert werden, bis wir Erwachsenen dann in der Mittagszeit entspannt auf einem sonnigen Bänkchen sitzen konnten. Die Kinder vergnügten sich alleine. Alles war in Ordnung ... oder vielleicht nicht? War da nicht eine seltsame Unruhe am Lamagehege? Eine bekannte Stimme: „Mama, hilfe, hilfe!" Als ich mich durch die Menschenmassen vor dem Gehege gedrängt hatte, bot sich mir ein herzzerreißendes Bild: Christoph rannte mit riesigen Schritten durch das Lamagelände. Ein kräftiges braunes Lama jagte ihm hinterher. Staub wirbelte auf. Das Tempo der beiden Läufer war beachtlich. Christoph schrie aus Leibeskräften: „Mama! Hilfe, hilfe!" Ich sah sofort, dass er eine Mohrrübe in der Hand hielt, seinen Pausensnack. Lamafutter! „Wirf deine Mohrrübe weg", rief ich laut. Trotz der Aufregung befolgte er die Anweisung und damit war die Jagd auch sofort beendet. Das Lama hatte lediglich Appetit auf Christophs Rübe bekommen, als er damit einfach ins Gehege geklettert war. Atemlos, mit heftig klopfendem Herzen kam er zu mir. Wir schlossen uns in die Arme und lachten.
Gabriele Wachendorf

Gabriele Wachendorf, geboren
1957, ist Erzieherin und seit 1993
Inhaberin eines Geschäftes für
Spielwaren und Kinderbekleidung
in Stuttgart. Außerdem ist sie seit
2003 Patin im ambulanten Kinder-
hospiz in Kirchheim/Teck.
Ihr Sohn **Christoph**, geboren
1988, starb im Juni 2001 an einem
Gehirntumor. Seine Hobbies waren
Fußball, Wetterforschung, Berge
und Skifahren. Christoph liebte die
Natur, Tiere und hatte ein großes
Herz im Umgang mit seinen Mitmenschen.

Schöne Erlebnisse waren auf jeden Fall immer unsere Urlaube!

Damals sind Lisa und ich mit unserem Papa Werner und Mama meist in den Ferien mit einem Wohnwagen nach Holland gefahren. Das waren immer gemütliche Zeiten. Als Werner starb und Mama später Papa Thomas kennenlernte, sind wir auch in den Urlaub geflogen, ganz oft nach Portugal. Ich erinnere mich noch an eine Nacht, in der Mama mich weckte. Wir packten eine Decke ein, nahmen Cayo, unseren Hund, mit und fuhren zum Meer. Der Mond schien hell, das Meer war unruhig mit hohem Wellengang. Mama und ich saßen in einer Decke aneinander gekuschelt. Es war ein so schönes Erlebnis, die Sommernacht in Portugal. Das Gefühl, nur Mama und ich dort am Meer, das werde ich niemals vergessen.

Christina Weihmann

Christina Weihmann, geboren 1988 in Gelsenkirchen, ist Hauswirtschafterin in einem Alten- und Pflegezentrum in Essen. In ihrer Freizeit hört sie gerne Musik, trifft ihre Freunde und geht mit ihrem Hund Cayo nach draußen.
Ihre Mutter **Brigitte**, geboren 1963 in Bottrop, war Erzieherin. Bevor sie Hausfrau wurde, hat sie im Kinderheim in Gelsenkirchen gearbeitet. Sie reiste gerne in den Süden und mochte Herbert Grönemeyer und die Kelly Family. Sie starb im Jahr 2010 bei einem Brandunfall.

Als mein Vater im Alter von 103 Jahren immer schwächer wurde und eines Tages nicht mehr vom Bett aufstehen konnte, verlangte er als erstes das Telefon und rief bei seiner Fußpflegerin an, um den nächsten Termin abzusagen. „Ich melde mich wieder, wenn es mir besser geht", sagte er.

Vom Arzt wollte er wissen: „Herr Doktor, welche Krankheit habe ich denn eigentlich?" Der Arzt sah mich groß an. Nein, über Sterben hatten wir nie gesprochen. Vater war noch immer lebensfroh und vielseitig interessiert und über den Tod sprach man wohl in seiner Generation nicht leicht mit anderen. „Sie essen und trinken nichts mehr, das führt in Ihrem betagten Alter dann zu der Schwäche. Außerdem", hier fand der Arzt seine Sicherheit wieder, „nehmen Sie seit heute keine Medikamente mehr, warum?" – „Ich dachte immer, man muss erst etwas essen, bevor man Medikamente nimmt", antwortete Vater. – „Das ist richtig, aber dann müssen Sie auch die Konsequenzen akzeptieren", meinte der Doktor. Vater spontan: „Dann gebt mir jetzt etwas zu essen und trinken und die Tabletten."

Am nächsten Tag sagte Vater: „Ich bin ja nun 103 Jahre alt, da muss man auch ans Abtreten denken." Dann erklärte er mir, in welchem Schreibtischfach wichtige Unterlagen zu finden seien.

Nach seinem Tod fand ich alle Papiere wohlgeordnet vor, sogar eine aktualisierte Adressenliste für die Trauerbriefe. Daneben lag eine Mappe mit den Beipackzetteln seiner Medikamente – wichtige Informationen gelb markiert.

Christiane Wend

Christiane Wend hat nach einer Ausbildung zur Erzieherin und Sozialpädagogin Psychologie studiert. Sie arbeitete als Lehrerin und Studiendirektorin an der Fachschule für Sozialpädagogik und Heilpädagogik in Gelsenkirchen. Sie liebt das Reisen und ihren Garten und ist Vorstandsmitglied im Förderverein Trauerbegleitung e.V. Ihr Vater **Gerhard Wend**, geboren 1902 in Leipzig, war Versicherungskaufmann. Er war ein leidenschaftlicher Wanderer und Reisender. Von frühester Jugend an sammelte er Ansichtspostkarten, zuletzt hatte er mehr als 3000 Karten, die er geschickt bekam.

Ich war 18 Jahre alt, als ich Hedwig kennenlernte. Einmal in der Woche versammelte sie ihre Freundinnen um sich herum, sie tratschten über dieses und jenes, beschwerten sich über ihre Männer, tauschten Kindergeschichten aus und ich durfte mit dabei sein.

Sie liebte Vergissmeinnicht und wann immer sich die Gelegenheit bot, schenkte ich ihr diese Pflanze mit den winzig kleinen blauen Blüten, die sie so fröhlich machen konnten. Dann wurde sie krank. Es fiel zuerst in der Frauenrunde auf, dass sie manche Worte nicht mehr wusste, lachte, anstatt ein Wort zu sagen. Die Sprache wurde weniger, dann auch ihre geschriebenen Worte … und irgendwann auch die Frauen aus der Freundinnenrunde. Selbst ihre Familie kam nur kurz zu einem Besuch ins Spital vorbei, in dem sie zum Schluss monatelang lag, meinten doch alle, sie wäre ohne jegliche Regung.

War ich zu Besuch, hielt ich meine mütterliche Freundin an der Hand. Sie zeigte mir „ja" und „nein" an, indem sie meine Hand drückte. So konnten wir uns unterhalten. Zwei Tage bevor sie starb, hatte sie zum Händedrücken keine Kraft mehr. Ich sprach leise mit ihr, da öffnete sie ihre Augen und zwinkerte mir zu. Noch heute, 23 Jahre nach ihrem Tod, stelle ich Vergissmeinnicht auf ihr Grab.

Andrea Wendl

Andrea Wendl, geboren 1966 in Wien, lebt und arbeitet in Wien und Niederösterreich. Sie ist Mutter zweier Söhne. Die Arbeit mit Menschen jeden Alters macht ihr Spaß. Ihr Lebensmotto lautet: „Du kannst alles erreichen, wenn du es wirklich willst!"

Hedwig starb 1989, die genaue Todesursache ist ungeklärt. Hedwig war verheiratet, Mutter von vier Kindern (eines starb kurz nach der Geburt) und lebte in Wien.

Wir waren Jahrzehnte befreundet. Unsere Lebenswege waren phasenweise ähnlich und dann wieder sehr unterschiedlich. Große Erwartungen, trockene Ernüchterungen, außergewöhnliche Glückssituationen, bittere Wahrheiten, viel Arbeit und letztendlich auch Erfolg.

In all den Jahren gab es einen Ort, der immer die gleiche wohltuende und beruhigende Atmosphäre bot: Der Platz am Kaminfeuer mit Cläre in ihrem Bauernhaus. Immer, wenn ich kam, hatte ich das Gefühl, als hätte Cläre alles nur für mich hergerichtet. Zwei Lehnstühle, ausgestattet mit Lammfellen, vor dem leise knisternden Kaminfeuer. Das kleine Tischchen war gedeckt mit der Tischdecke und dem Porzellan, das wir beide gerne mochten. Die Leckereien waren selbst gebacken, in feinen Schälchen serviert, der Kaffee stark und duftend. Manchmal, wenn wir ihren Mann zu einer „ganz wichtigen Besorgung" fortgelobt hatten, konnte ich sogar meine geliebte Zigarette zum Kaffee rauchen. Cläre hin und wieder zwei, drei Züge.

Es kam oft vor, dass wir uns längere Zeit nicht gesehen hatten, aber immer war es diese gleichbleibend wärmende, vertrauliche Atmosphäre am Kamin, die unsere Verbundenheit ohne Unterbrechungen durch Zeit oder Ereignisse mitgetragen hat.

Das Gefühl dieser Atmosphäre bleibt in meinen Sinnen und macht Cläre zeitlos.

Ursula Wichmann

Ursula Wichmann, geboren 1945
in Hövelhof, ist von Beruf Kauffrau
und lebt in Gelsenkirchen. Sie engagiert sich ehrenamtlich als Vorsitzende des Fördervereins Trauerbegleitung e.V. und als Richterin
am Sozialgericht. Sie liebt das
Analysieren und Diskutieren und
neuerdings auch das Radfahren.
Seit 1966 kannte sie ihre Freundin
Cläre Schulte-Tigges, die 1944 in
Paderborn geboren wurde. Cläre
war zunächst Hauswirtschafts-
leiterin, später Managerin und
Hüterin des familiären Hofbetrie-
bes und Kursleiterin für Hauswirt-
schaft und Ernährung in Vereinen
und Unternehmen. Anfang 2008
erkrankte sie an Krebs und starb
am 19. Oktober des gleichen Jahres.

Hallo Monika!

Da sitzen wir wieder mit dem Cappuccino in der Hand und erzählen uns die Geschichten, die die Arbeit so mit sich bringt. Was hast du mich am Anfang unter deine Fittiche genommen und mir gezeigt, wie man in diesem manchmal harten Job auch mit schwierigen Kunden umgeht. Und was hatten wir für einen Spaß, wenn wir nach gemeinsamen Besuchen noch zusammensaßen und uns unterhalten haben. Unvergessen wird mir immer die Türkeitagung und das Weinfest in Meißen bleiben. Mit Elke rede ich oft darüber, eine tolle Erinnerung.

Du hattest immer eine Weisheit für mich parat. Die wichtigste hängt über meinem Schreibtisch, dein und jetzt auch mein Leitspruch von Kafka: „Verbringe die Zeit nicht mit der Suche nach Hindernissen; vielleicht ist keines da."

Über die Geburt von Fenja hast du dich während deiner Krankheitszeit so sehr gefreut. Der arme Herbert, dein Mann, musste die ganzen Babyanziehsachen mit ins Krankenhaus bringen, die er auf telefonische Anweisung von dir im Geschäft auf Kommission geholt hatte. Wenn es dir nicht gefallen hat, musste er es alles wieder zurückbringen. Die lila Jacke trägt jetzt Janne, die kleine Schwester von Fenja.

Fenja schläft keine Nacht ohne den Teddy, den Herbert ihr nach deinem Tod geschenkt hat, und ihre erste Puppe heißt Monika.

Aber das weißt du sicher alles.

Ich denke oft an dich!

He, Monika, du fehlst mir!

Frank Witt

Verbringe nicht die Zeit mit der Suche nach Hindernissen; vielleicht ist keines da.

— Franz Kafka

Frank Witt, geboren 1972, ist Pharmaberater und lebt in St. Augustin. Er ist verheiratet und Vater zweier Kinder. Er liebt Fußball, kocht und grillt gerne.
Seine Kollegin **Monika Braunschmidt**, geboren 1949, starb am 31. Dezember 2008.

Als Oma gestorben war, wurde sie zu Hause im „guten Zimmer", das nur zu besonderen Festtagen benutzt wurde, aufgebahrt. Der Spiegel war zugehängt und über dem offenen Sarg lag ab Omas Schultern abwärts ein schwarzes Tuch. Nachts wurden der Oma Groschen auf die Augen gelegt, was helfen sollte, die Augen geschlossen zu halten. Tagsüber, wenn die Verwandten zum Abschiednehmen kamen, legte Mutter die Geldstücke auf die Ablage vorm Spiegel. Die Enkelkinder, zwei Cousinen, nahmen diese Zehn-Pfennig-Stücke in einem unbeobachteten Moment und kauften sich davon Bonbons. Das geschah mehrmals, weil die Erwachsenen den Grund für das Verschwinden der Groschen nicht bemerkten und diese von unterschiedlichen Besuchern ersetzt wurden. Geld und auch Süßes waren rar zu dieser Zeit …

Wir alle erinnern uns noch heute, so viele Jahre später daran, dass sich die Enkelkinder über Oma freuten, die ihnen selbst auf dem Totenbett diese Süßigkeiten einfach nochmal so beschert hatte. Auf mancher Familienfeier lachen wir noch jetzt darüber – mit dem Gefühl, Oma habe es allen gegönnt.

Gerda Wolf

Gerda Wolf, geboren 1952, ist verheiratet und Mutter von drei Kindern. Sie arbeitet beim Dienstleistungszentrum der Friedhofsgärtner Gelsenkirchen e.G. In ihrer Freizeit spielt sie gerne Gitarre.
Ihre Großmutter **Henriette** wurde 1876 in Ostpreußen geboren. Sie war Frau eines Bergmannes und Mutter von elf Kindern. Sie starb in Gelsenkirchen an einem Herzinfarkt.

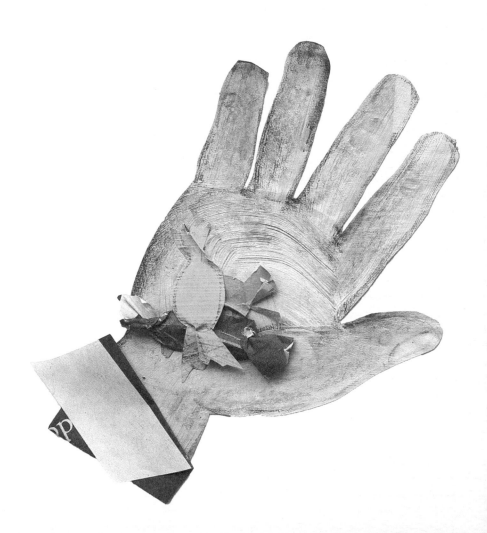

Mein Onkel ist mit mir als Kind immer Karussell gefahren, weil ich alleine solche Angst hatte. Und er trug diese grüne Mütze mit extra Klappen für die Ohren. Überhaupt fällt mir immer die Farbe grün ein, wenn ich an meinen Onkel Susa denke. Er trug immer grüne Hemden, wenn er bei uns zu Besuch war. Und auf der Wohnzimmercouch haben wir rumgealbert. Aus seinen Taschen zauberte er für mich bunte Stifte, eine kleine Lupe, einen winzigen Schraubenzieher oder auch eine Taschenlampe. Onkel Susa hatte also nicht, wie sonst üblich, sein Werkzeug in einem Koffer im Schrank, sondern allzeit bereit in seinen grünen Hemdtaschen. Das war praktisch. Wenn wir zum Beispiel vorm Computer saßen, ich unter den Tisch krauchte und versuchte, mir einen Überblick über den Kabelsalat zu verschaffen, dann reichte er mir seine Taschenlampe.

Wenn er zu uns kam, erkannte ich das schon am Klingeln. Als Einziger drückte er den Klingelknopf so lange, bis ihm einer von uns die Tür öffnete. Er drückt dabei nicht ständig auf den Knopf, wie man das vom Postboten kennt, der möglichst schnell sein Paket loswerden möchte. Nein, er hielt die Klingel einfach gedrückt und das führte dann zu einem lang anhaltenden Klingelton. Diiiiiiing doooooooong. Wenn heute bei mir jemand so klingelt, muss ich automatisch immer an meinen Onkel Susa denken. Aber es macht mich nicht traurig. Im Gegenteil: Es zaubert mir ein Lächeln ins Gesicht. Manchmal gelingt es mir sogar, dass ich dann seine Stimme im Ohr habe und ich sogar höre, wie wir beide auf der Wohnzimmercouch rumalbern und lachen. Auch wenn er nicht mehr da ist, ist er nicht ganz weg.
Annika Zeitler

Annika Zeitler, geboren 1981, arbeitet als Journalistin in Köln, vor allem für den Kinderhörfunk Lilipuz und verschiedene Wissenschaftsredaktionen in Radio und TV beim WDR. 2011 wurde ihr Lilipuz-Radiofeature „Die letzte Reise", das von Tod und Trauer erzählt (mit Kindern aus Trauergruppen von Lavia), vom Axel Springer Preis für junge Journalisten als herausragende Leistung prämiert. **Tomas von Gause** war von Beruf Zollbeamter. Er starb am 5. Januar 2008 an einem Herzinfarkt.

DIE HERAUSGEBERIN

Mechthild Schroeter-Rupieper ist Trauerbegleiterin und Leiterin von „Lavia – Institut für Familientrauerbegleitung". Sie begleitet vor allem trauernde Kinder und Jugendliche und gibt Seminare für Erziehende, Lehrerinnen und Lehrer und Seelsorger im gesamten deutschsprachigen Raum. Mit ihrem Mann, drei Söhnen und einer Pflegetochter lebt sie in Gelsenkirchen.
www.familientrauerbegleitung.de

DANKE an alle Autorinnen und Autoren, die durch ihre persönlichen Geschichten die Idee des Buches lebendig gemacht haben und so den Förderverein Trauerbegleitung e.V. unterstützen.
DANKE an die Kontaktvermittler, die mit oder ohne „Autorengewinn" viel persönlichen Einsatz gaben!
DANKE an den Miau Musikverlag, dass wir die Zeile aus Trude Herrs Lied als Buchtitel verwenden durften.
Herzlichen DANK an Andrea Langenbacher als Lektorin und an Rita Efinger-Keller, die die Geschichten illustriert hat. An Ulla Wichmann, Christiane Wend und Joachim Gill für eure Zeit und euer Engagement im Vorstand des Fördervereins. Joachim speziell für manche gemeinsamen Autorenbesuchstouren und natürlich danke an meine eigene Familie für Unterstützung, Ideen und gutes Miteinander.

DER FÖRDERVEREIN TRAUERBEGLEITUNG E.V.

Unser soziales Netz, das die Menschen im Regelfall absichert, greift häufig in vom Tod betroffenen Familien nicht mehr – jeder Hinterbliebene ist auf sich allein gestellt.

Familientrauerbegleitung leistet dann einen wertvollen Beitrag, der u.a. von Psychologen, Ärzten, Pädagogen, Schulen, Erziehungsberatungsstellen, Jugendämtern und Hospizen empfohlen wird. Die Kosten hierfür werden jedoch weder von Krankenkassen noch von den anfragenden Institutionen oder anderen Kostenträgern übernommen. Der Förderverein Trauerbegleitung hat es sich zur Aufgabe gemacht, diese Finanzierungslücke zu schließen, damit eine schnelle und direkte Hilfe gewährleistet werden kann.

An den Verein geleistete Spenden dienen der Finanzierung mannigfaltiger Hilfsangebote. Die Kosten notwendiger Hilfe werden somit für die ersten Stunden übernommen, um allen trauernden Familien Unterstützung anbieten zu können. Auch die Trauergruppen für Kinder, Jugendliche und Erwachsene sowie die Supervision der Trauerbegleiterinnen werden über den Förderverein mit finanziert.

Um dies leisten zu können, benötigt der Förderverein Unterstützung durch Gelder von Stiftungen, Unternehmen, auch von privaten Spendern als Einzel- oder Dauerspende, anlässlich Feierlichkeiten, wohltätigen Veranstaltungen oder Beerdigungen.

Interesse am Förderverein und an Lavia – Institut für Familientrauerbegleitung freuen uns. Transparenz sowohl im Trauergeschehen wie auch in finanziellen Dingen ist für uns selbstverständlich.

Kontakt:
Ursula Wichmann (1. Vorsitzende)
kontakt@foerderverein-trauerbegleitung-ev.de
www.foerderverein-trauerbegleitung-ev.de